大学で何を学ぶか

加藤諦三
Kato Taizo

ベスト新書
230

まえがき

あなたはいま、この本をどんな思いで手にしているのだろうか。「勉強、勉強でやっと大学に入ったのに、自分が描いていたイメージとちがいすぎる」と落胆している人もいるだろう。また、「さあ、やるぞ。でも何をやればいいんだろう」と、とまどっている人もいるだろう。もちろん、大学でいま、学んでいる人たちばかりではなく、これからめざす大学というものを知りたいという人もいると思う。

そんな人たちに僕がまずいいたいのは、大学は高校時代の延長ではけっしてない、ということである。

小学校、中学、高校とこれまでは同じベルトに乗っていたし、エスカレーターのように、乗るだけで運んでもらうことができた。

だが、大学というところには、そんな動力つきで人間を運んでくれるものは何もない。自分の足で歩いていかなければならないところ、それが大学である。

そう考えると、大学とはこういうところだ、こうでなければ、と悩んでいるのはあなたが本や雑誌で読んだり、人に教えられたりしてつくりあげた勝手なイメージに振り回されているためではないだろうか。

大学とは、まったく新しいところ、ゼロからの出発なのである。たいせつなのはこれまでの思い込み、先入観をすっかりとりはらい、まず第一歩をふみだすことだと思う。

心理学には、人間がどれだけ怠け者でいられるかを試す実験がある。それは、人間が生活するのに快適な環境を実験室でつくりだして、その中で何日いられるかという実験である。もちろん、食事もきちんと与えられ、しかも高いアルバイト料がついている。いわば苦痛がゼロ、まったく楽な生活である。

さて、結果はどうかというと、一カ月や二カ月は平気だろうという予想を裏切って、ほとんどの人が二、三日しか、この生活に耐えられないそうである。

つまり、人間はもともと怠け者ではなくて意欲のあるものだという証拠である。だから、大学に入って、「何もやる気が起こらない」と感じている人がいたら、それは本来の自分、やる気のある自分を見失っている状態だと思う。

僕は、人間というものは、本来、意欲のあるものだと思う。だから、きっかけさえつかめれば、あとは意欲を秘めた本来の自分が創造のエネルギーを出してくれるのである。そして、そのきっかけになりそうなヒントを書いたのがこの本なのである。

この本の第1章「ゼロから学ぶ」では、いままでの自分とちがう自分を発見するためにはどうしたらいいのか、を考えてみた。それは、いままでとちがう環境に自分をほうりこんでみることであり、そのためには、まず、身近なところから始めようというアドバイスである。

第2章「講義から学ぶ」では、高校の「授業」とはちがう大学の「講義」について、その聴き方やノートのとり方、レポートや卒論などについて、できるだけ具体的に書いてみた。また、学生生活と切っても切りはなせない読書について、図書館や古本屋での本との出会い、その読み方などにふれてみた。

第3章「進路を学ぶ」では、就職という、やがて大学生活のあとにやってくる人生の転換期について考えてみた。

サラリーマンになるにしても、独立した人生を歩むにしても、職業に対して自分なりの考え方や目的意識をはっきりさせておかないと、どこまでいっても自分だけの道を見いだせないで味気ない人生を送ることになる。この章は学生時代に自分だけの生き方を見つけること、そしてそのためのキャンパス・ワークについての提案である。

第4章「人間から学ぶ」では、教授という「人間」から教えられるものや、人間関係とは何か、について書いた。ありのままの自分をぶつけていくとき、相手の魅力というものも見えてくる。人間関係とはそういうものであり、この章ではそれに気づいてほしい。

第5章「生活から学ぶ」は、毎日の生活がつまらない、退屈だと感じている人へのメッセージである。学ぶのは、何も教室の講義や大学の建物の中だけにかぎらない。いわゆる学生街でも、あるいは大学のある都市のどこでもが広い意味でキャンパスであり、「生きた教室」なのである。それはいろんな人が喜怒哀楽を味わいながら毎日を生きている「学ぶ場」なのだから。

本から学ぶことも大切だが、「人から学ぶ」ことも「自然から学ぶ」ことも大切である。その「色々なことから学ぶ大切さ」を大学のキャンパスで学ぶ。

僕にいわせれば、大学には一流も二流もない。何かを学びとろうとする意欲を持った学生が多ければ、それが一流大学である。だから、他人から見れば三流大学でしかなくても意欲ある人間にとっては、それは一流大学になるのである。「みずから学ぼうとしない人間に教えることはできない」という言葉があるが、そのとおりだと思う。

なかには自分は「自ら学ぼうとする人間」ではないのではないかと、自分に絶望しかけている人がいるかもしれない。

第6章（新章）はそうした希望を失いかけている人のための章である。間違った自己イメージを捨て、必ず自信と希望をもって大学を卒業していくための章である。キャンパスには自分のすごさに気がついていない学生があふれている。

同じ一冊の本を読んでも、感動する人と感動しない人がいる。一人の学生が、ふと読み始めた一冊の本に共鳴するのは、自分の中にある心の引出しに、その本がすっぽりとおさまったからだろう。そういう心の引出しを学生時代にいくつ持てるかで、その学生の四年間の生活の価値が問われることになるはずである。それは、別のいい方をすれば、柔軟な頭の開発ということである。紙は表から見れば裏でも、裏返せば、そこが表になる。一方向だけからの考え方や世の中の見方にしばられない学び方を工夫してほしい。

学問というワクにとらわれず、この本が生きるヒントをつかむきっかけになってくれれば、僕にとって、こんなうれしいことはない。そして、この本を読んでの感想や意見を送ってもらえるのを楽しみにしている。

加藤《かとう》　諦三《たいぞう》

目　次

プロローグ

——大学で何を創《つく》るか

感動はどこにあるのか

大学に入ってから、ふとしたきっかけでラグビーの同好会に入った学生がいた。小学校以来、よい中学校へ行くこと、よい高校へ進むこと、よい大学へ入ること、そうした世界観だけで生きてきた大学生である。

そんなわけだから、彼の上昇感覚の中には、いままで、クラブ活動などという不必要なものが入る場所がなかった。ところが、その同好会で練習をつみかさねているうちに認められ、いよいよ対抗試合に出してもらえることになった。

その試合で、それはまさに幸運としかいいようがなかったが、彼にボールがまわり、そしてみごとにトライに成功できたのである。その瞬間、彼はいままで自分がかつて一度も味わったことのない感動におそわれた。

人間には、想像力がある。だから、体験をしなくてもわかることはいくらでもある。しかし、そのトライだけはちがっていた。自分のいままでの体験をどこまで想像力によって延長していっても、そのトライの感動にまではいたらなかったのである。

それは大学の合格発表で自分の名を見つけた喜びとはまったく異質のものだった。大学の合格のときにも涙は出た。しかしトライのときの彼の目ににじんだ涙は、まったく別のものだった。こんな喜びがこの人生にはあったのか、そうした大きな驚きをともなった感動だった。

この人生には喜びがないのではない。喜びがないと決めてしまった人間に、喜びがないにすぎない。喜びが人間を見捨てたのではなく、人間が喜びを見捨てているのである。けっして誰かが喜びを放棄することを強制したのではなく、自分が放棄していたのである。

現在の自分の人生を超えるロマンを抱くというのは、自分の人生にもかならずトライはあるのだと信じることでもあるだろう。

おそらくトライした彼は想像もできなかった感動を味わったことによって、それからの彼の想像力は、飛躍的に豊かになったにちがいない。そして豊かになった想像力は、彼の人生にさらに大いなるロマンを与えていくにちがいない。

想像力も感性も、現に自分のうちにあるものではなく、あるのはその可能性なのである。はじめから多くを望むことはない。現実に体験したことが想像力をいっそう豊かにしていくのだから。

面白さを創《つく》り出すのは自分である

「大学時代に好きなことをやれ」と言うと、「どうしたら好きなことが見つかるのですか」と聞かれる。

しかし、これは考えてみればおかしな質問である。好きなことは、「見つける」というよりも育てるもの、創るものである。どこかに落ちているものを見つけるようには、見つからないものなのである。もともと面白さというのは理解から生まれるものなのだ。理解しないうちに面白さを求めるくらい不思議なことはない。

テニスはわかりだしてきて、はじめて、面白いのだろう。面白いからテニスをやり始めるのではない。やっているうちに、しだいにどうすれば上達するものかがわかってきて、それで面白さが出てくるのである。どちらかといえば、まずテニスをやろうという決意が先であって、面白さが先ではない。

能力もまた同じだ。「泳げるようになるまでは水に入らない」という者は、永久に泳げるようにはなれない。泳ぐ能力は、泳ぎの中でついてくるものである。

英語が話せるようになるまでは恥ずかしくてイギリス人やアメリカ人と付き合えない、というのも、もっともまずい英語学習法だろう。

ゲーテは、「大作を書こうとするな」と言っている。大作を書こうとするから何も書けなくなってしまうのである。まず結果を考えていたらできることなどあるものではない。できるというのは、やってみたらできたということである。

やらないでできないと思ったとき、それはほんとうにできなくなることであり、それだけ自分の能力を自分の手で制限してしまうことでしかない。

僕の山の仲間は、「ワンゲルのことをやればやるだけワンゲルが好きになった」と言った。彼もはじめからワンダーフォーゲルが好きだったのではない。ワンゲルに打ち込むことがワンゲルへの愛情を自分のうちに湧《わ》かせ、そしてその新しい愛情が、ワンゲルの活動をさらに大きくしていったのだろう。

いままでの価値と異なった価値にもとづいて行動したからといって、明日にも意欲が猛烈に湧いてくるというものでないのは、誰でもよくわかっているはずだ。新しいことを始めて、三日坊主になったことのない人のほうが少ないだろう。

人間の興味には自然の成長というのがある。すぐに何かがうまくなるわけでもなければ、何かを始めて、すぐに面白くなるというわけでもない。

自然の成長はけっしてそんなにはやいものではない。一度解放した意欲や、想像力や、対象への関心は、植物に水をやり育てるように、大切に育てなければならない。

与えてもらうだけの人間でいいのか

僕がヨットをやっていると言うと、「いいなあ」と学生が顔を輝かせて言う。しかし、外から見るのと実際にヨットをやるのとでは、たいへんちがうのである。

まず、船酔いがある。ロープを握る手の皮が血のにじむほどすりむける。猛烈な真冬の寒さの中でも手袋はできない。夏はまた、うだるようなヨットの中で苦しまなければならない。自分が招かれてヨットに乗るのと、自分が艇の一員になるのとでは、天と地ほどの差がある。

大学のいろいろな部に入ってくる部員のうち、六割は、やめてしまう。三百人くらい入部して、十人も残らないことさえある。この場合、何かほかのことを学ぶために、部を犠牲にしたのなら、納得できる。しかし、部を去っても、とりたてて勉強するわけでもなく、マージャンや喫茶店でのむだ話に時間を過ごしているとしたら、哀《かな》しいことだ。

はじめから好き、というクラブなどめったにないことを、もっと考えてほしい。

よく、「私はよい先輩や、友人や、先生にめぐりあえなかった」という言葉を聞く。たしかにそういうケースもあるだろうが、だいたいの場合、それは自分自身がよい後輩、よい友人、よい学生ではなかったことを表しているにすぎない。

よい友人とは、ある日突然現れてくるのではなく、ごくふつうの友が、だんだんとよい友人になっていくものだとは考えられないだろうか。人にしろ、クラブにしろ、大学にしろ、学問にしろ、すべてこちらから積極的に働きかけをすることによって、はじめてよいものになっていくのである。

そうしたことを考えると、誰もが、あまりにも何かをしてもらうこと、与えてもらうことに慣れすぎているのではないか。

いまの学生にたいへん欠けていることのひとつは、自分の責任で周囲に働きかけていく姿勢である。大学の時代は、与えられる時代ではなく、獲得の時代だということを忘れてはいけない。

道がないと歩けないのか

人はよく、ベストコンディションということを口にするが、ベストコンディションなどというけっこうなものがあるはずがない。

男子バレーの監督だった松平康隆《まつだいらやすたか》氏の言葉だが、バレーボールというものは、優勝戦が近くなるにつれて、試合の間隔が短くなる。予選から準々決勝、準決勝へと進むにつれて、試合は毎日のようになり、最後には、午前中に準決勝戦をして、午後には決勝戦などということも出てくる。そんなとき、いったいベストコンディションなどとぜいたくなことを言っていられるものだろうか。

彼は言う。「これだけのコンディションがそろっていればといういくつかの最低の条件、それさえ満たしておけば試合はできる」と。

右手が負傷で使えなければ一〇〇パーセントの条件ではない。しかし、試合には左手だけでも出られるだろう。七時間眠らなければ眠りは足りないにちがいない。だが、三時間だけの睡眠でも、最低二時間は闘えるだろう。その与えられた最低の条件の下《もと》に闘うこと、それしかないのである。そして、それができなければ、脱落するしかない。

「ないからできない」とよく人は言う。たとえば、「金がないから仕事ができない」と。はじめから金を持って仕事をやれた人間など、きわめて少ないものだ。金をつくることから、仕事は始まっているのだ。そのことが、すでに仕事ではないのか。それに、はじめから金を与えられて仕事をした人間は、仕事によって魅力的な人間にはなっていない。

「道がないから歩けない」と言っていたら、道のないところに、どうして道ができたのだ。道ははじめからついていたものなのか。道のないところを、はじめに歩いた人間がいたから、いま、道ができているのではないのか。

困難なルートだから感激がある

僕が「生きる」ということのほんとうの意味をはじめて知ったのは、中学時代、自分でテニス部を創設したときのことだった。何もないところから始めたので、自分たちでコートづくりからやるという悪戦苦闘ぶりだった。

コートをつくったのは、草やぶの中だった。毎日、汗水たらしてそのやぶの草を抜き、クワで土を起こし、借りてきたローラーで土ならしをした。

コートができあがると、次は道具ぞろえだ。近所の高校のテニス部からラケットの古いやつをもらってきて、直して使った。球は、他校と試合したときにちょうだいした。

僕らの夢は、東京都の憲法大会で優勝することだった。それには、大会にそなえて、他校と練習試合をしなければならない。しかし、できたばかりで実績のない部にはバス代もなかったので、練習試合の日には朝早くから、部員が連れ立って十キロもの道を歩いて行ったものだ。

かんじんのルールや練習法は、コーチがいなかったので、近所の高校のテニス部の人に教えてもらっていた。

いよいよ憲法大会になり、結果は準優勝まで進んだ。はじめての出場で準決勝まで進み、しかもそのとき敗れた相手は、その年の優勝チームだったのだ。僕たちは満足だった。

そして僕には、準決勝まで進んだことよりも、部を創設してから試合に行くまでの間、わき目もふらずに情熱をそそげたことのほうがうれしかった。

「僕は一生、こうやって何事かに情熱をぶつけて生きていこう」と強く思ったものだ。

優勝の夢は破れても、僕の感激は失われなかった。精神の躍動する状態、生きるとはこういうことだとそのとき思ったからだ。

山に登るにしても、頂上に行くだけなら正規の登山道を登ればいい。しかし、生命の充実感を味わいたいのなら、自分にとってもっとも困難なルートに挑《いど》むことしかない。それを登りきったとき、きっと感激の涙がこみあげるだろう。

ある政治家で、東大法学部に通った時代、美濃部達吉《みのべたつきち》、上杉慎吉《うえすぎしんきち》という二人の花形教授から憲法を学んだ人間がいる。そのとき、上杉教授は点が甘く、ほとんどの学生は試験をそちらで受けたが、彼だけは、あえて、むずかしいので有名な美濃部教授の試験に挑戦したそうである。「生きる」とは、そんな自分の内面からこみあげてくる充実感のことではないか。

有名大学とは何か

もし、自分の大学について、よく世間がするように、有名大学だとか、無名大学だとかの評価があっても、それを本気で信じてはいけない。自分自身のことについても、自分の大学についても、世間の評価より自分の評価の基準をもつようにしなければならない。

もともと大学は有名大学でも、無名でもないのだから。ニワトリが、産む卵によって判断されるように、学生が有名なのか、無名なのか、それが評価の分かれ目のひとつである。

学ぶ意欲があるからこそ学生といえるのだろう。教えることのできなくなった先生は先生ではなく、学ぶ意欲をなくした学生は学生とはいえない。教えることのできなくなった先生と、学ぶ意欲を失った学生が集まった大学は、無名大学である。どんなによい先輩や、とと のった設備に恵まれていても、無名大学でしかない。

かつて、ケネディは大統領就任演説でこんなことを言った。「アメリカの同胞諸君、諸君の国が諸君のために何をなしうるかを問いたもうな。諸君が諸君の国のために何をなしうるかを問いたまえ」。

いま、このことを言いかえてみれば、大学が自分に何を与えるのかを問わず、自分が大学で他人のためにどんなことをできるのかを問いたまえとなるだろう。もらうことばかり考えて、与えることを考えないのは、後ろ向きの人生である。

第一志望でその大学に来ようが、第二志望で来ようが、それは問題ではない。たとえ第二志望であっても敗北者などではない。しかし、もし大学を卒業するとき、この四年間はすばらしかったと思わなかったら、そのときこそ、青春の敗北者だろう。

たとえこの大学を、自分の意志で選んだのではないとしても、四年後にどこかの大学をもう一度選ぶ機会を得たとしたら、こんどは自分の意志でこの大学を選びたくなるような、そんな大学生活を送ってもらいたいと思う。

誇るものは、その大学の伝統ではない。大学の伝統は誇るべきものではない。もし伝統を誇るとすれば、それはちょうどエチオピア人がマラソン選手のアベベを誇るようなものだ。アベベの名を出さなければ、世界じゅうどこも胸を張って歩けないとすれば、エチオピア人は不幸だろう。

この大学は就職がよいの、卒業生の多くが各界で活躍しているとかいう話は、それを真《ま》に受ける学生がいたら、ずいぶん不幸なことではないだろうか。むしろ、この家は空家で、ベルを鳴らしていても、けっして中から開ける人はいない。自分の力でこの戸をこじ開けて、中に入らねばならないということをきちんと知ることである。自ら教育する意志のない人間を教育するなんてどんな大学でもできないだろう。

大学をどう「使う」か

その意味では、大学からの人生は、プラスでもマイナスでもない、ゼロからの出発と思う必要がある。自分の人生が立派であるかどうかを決めるのは、まだまだ早い。勝負は終わったのではなく、いま始まったところなのだ。

たった一度の人生を、たった一度の青春を、単位かせぎとぐちだけで終わってもいいものか。

人生が生きるに値するかどうか、それは各人にまかされたことである。青春の大半を過ごすこの大学のときを、どう送るかから、次の出発がある。

毛沢東は、「何かを成そうとする人間は、金が無く、若くて、かつ無名でなければならない」と言ったという。

僕は二十四歳で、はじめて本を書いた。しかし、いまでは、同じものを書けと言われても、二度と同じものは書けない。二十四歳で書いた本は、六十歳になって書けるものではないのである。

二十歳には二十歳の人生がある。二十歳でなければ味わえないもの、二十歳でなければつくれないものがある。青年は老年になるために生きているのではない。二十歳には二十歳の人生があるということを忘れないでほしい。

誰も自分に代わって自分の人生を生きてはくれない。誰も自分に代わって自分の死を死んではくれないのだ。そして誰も自分に代わって青春の戸を開けてくれる人はいない。

大学に来れば何かよいことがあるだろうと考えている人間は、結婚さえすれば幸せになれると思っている女性と同じだ。大学には何もない。結婚には何もない。「何か」をつくるのは自分自身なのだから。

もともと人生には何もない。人生を使って何をするか、それによって、人生が大きくもなり、小さくもなる。もともと人生に意味があるわけでもなく、無意味なわけでもない。どう生きるかによって人生は無意味にもなるし、意味を持つ。

「人の仕事は九九パーセントまでパースピレーション（努力）で、インスピレーション（ひらめき）は一パーセントにしかすぎない」という有名な言葉があるが、大学をどう使うか、大学のときをどう使うか、それがこれからの人生を左にするか右にするかを決めるのである。

変えようのない過去にいつまでもかかずらっている人間は、過去の栄光にいつまでもしがみついている人間と同様に決断のできないタイプの人間である。

いま可能性に賭《か》けずに、いつ賭けるのか

それにしても気になるのは、心の奥底で、学部をまちがえたとか、学校をまちがえたとかの悔いに悩んでいる学生の多いことだ。

自分の選択はまちがっていたとハッキリわかった学生が、もし僕のところに相談に来てくれたら、僕は言う。「やり直せよ」と。

自分の人生を少しでも変えようとしたとき、人は誰でも、多かれ少なかれ迷う。自分の奥深くに、こんなにも保守性が強く巣食っていたかと、そのとき人は感じるだろう。だいいち、人間は毎日通う道でさえもなかなか変えられないではないか。

人間は、たしかに一方でいつも変化を望んでいる。しかし、現実にその変化が目前にあると、自分でも驚くほどしりごみしてしまう。変わるということは、それほどこわいことだ。

変化は代償を要求する。とくに生き方を変えるというのは、これまでやっていたテニスをやめて、乗馬に変えるというようなものとはわけがちがう。女子大生が毎日の単調な学校生活にあきて、海外旅行にいくのとはわけがちがう。そんな旅行なら、シャンゼリゼを歩こうが、ベニスで舟に乗ろうが、またもどってくる校庭や家がある。

いまの自分よりある一時期、生活のレベルを上げたり下げたりすることと、生き方を変えるというのとはちがう。ある一時期何かをやってみるというのは、あくまで遊びである。そこには何も賭《か》けてはいない。基本になる生活には何の変わりもない。

人間が決断しなければいけないのは、そんな毎日の生活に、旅行やショッピングで味つけをするときではない。

決断には、たえず危険がつきまとう。どんなに現状に不満でも、あえてこれまでの生活を変え、身を危険にさらすよりは楽だろう。だからこそ人は、あれこれぐちをこぼしながらもやっぱり毎日を同じように生きてしまう。

「ルビコン河をこともなげに渡ったシーザーは英雄である」という格言がある。それは、ほとんどの人間は、いざとなったら渡らずに引き返すからである。

そして、ふつうの人間は、いざというときになって、渡らなくてもいい理由を考え出す。

親が心配するから、金がかかるから、これまでの時間がムダになってしまうから、よく考えてみたら自分に向いていないから……次から次へと、渡らない理由はいくらでもある。

なるほど、そうした理由がほんとうの理由のこともあるだろう。しかし、自分に河を渡る勇気のないことを合理化するために考え出した理由のときもあるだろう。

では、ほんとうの理由と合理化のための理由との違いは、どこでわかるのだろうか。それは、ほかでもない。渡るのをやめたあとの態度や気持ちである。なぜなら、ほんとうにやめるほどの理由があったなら、渡らなくても心に負担はないが、もし、こじつけの理由でしかなかったときには、いつまでも気持ちがふっきれず、未練がましく河の対岸に執着するものだからだ。

ほんとうにそれだけのわけがあって渡らなかった人間は、その「渡らない」という決断を後悔はしない。ところが、大学を変えるとか、学部や学科を変えるとか、思い切って渡るのをやめたのがこじつけの理由だけでしかないとしたら、決断のときが過ぎてからも、いまの自分に対して不愉快さをぬぐいきれないのである。むしろ、なおいっそう、いまの大学、いまの学部、いまの学科がいやになっていくのではないだろうか。

ある決断を人生の中でせまられると、たいていの人間はひるむ。そして、何とかその決断の一瞬を先に延ばそうとする。どんな小さな決断についてもそれは同じだ。できるなら辛《つら》い決断の一瞬を先に延ばそうと。もし避けられるなら、避けようと。自分一人で決断するのが心細ければ、誰かに相談して辛さを支えてもらおうとする。

しかし、どんなに親しい友人だろうと、先輩だろうと、何回相談を繰り返してみても、何十回何百回それを重ねてみても、相談は相談でしかない。何千回繰り返しても、それは決断にはならない。

人は、相談しているとき、何かその苦しさを避けられると思っている。相談を繰り返すことで、決断を安全にしようとする。しかし、安全が人のアドバイスだけで手に入るのなら、人は決断に苦しむことはない。

人が決断に苦しむのは、その向こうに何があるかわからないからである。僕もそうだったが、はじめてラブレターを出そうとするとき、誰でもポストの前でちゅうちょするのは、その手紙が喜びにつながるか、落胆の日につながるかわからないからだ。いまよりはよくなるかもしれないし、いまよりもっと惨《みじ》めになるかもしれない。

けれども僕は思う。「私は生きている」という熱いリアリティを感じることができるのも、その決断の向こうに失敗という可能性があるからだと。

あのラブレターが、かさりと音をたててポストの底に落ちたときくらい、新しい世界に向けて自分が飛び込んだという熱い想いがするときはないではないか。もし失敗の可能性がないとしたら、それは決断ではなく、ただの退屈な手続きにしかすぎないのだ。

かけちがえたボタンは、思い切ってはずせ

人は決断の前で、いままで握っていたものをいっさい離さなければならない。これまでつかまって生きてきたものを、離さなければならない。

赤ん坊が生まれてはじめて歩くとき、その支えにつかまっている手を離すとき、それが赤ん坊にとって大冒険なのは、向こうに見える支えにまで行きつける確信がないからだろう。

しかし決断に際し、人間は一切合財の支えから手を離し、新しい支えを求めて飛び立たねばならない。

よく、日本の社会は、一度フェアウェイをはずすと、リカバリーショットができない社会だといわれる。しかし、見ていると、リカバリーショットができない社会なのではなく、リカバリーショットをするだけの意欲がないのがほんとうのところではないだろうか。

すべての人は、自分の人生をただの一度もあやまちをおかさないで生きて死ねるものでは

ない。

よくいわれるように、はじめのボタンをかけちがえると最後までかけちがえるのが人生である。ちょうど、編物で編み目をひとつまちがえたのと同じことだ。

しかし、人生において、はじめのボタンをかけちがえるか、かけちがえないかは運なのである。

人間にできることはどこで立ち直るか、それともさらに進路を歪《ゆが》めるかの選択だろう。

いつだか読んだ雑誌で、作家の豊田有恒《とよたありつね》氏がこんなことを書いていた。

「私は昭和三十二年、東大理Ⅱにストレートで受かった。合格後、身体検査が屋外であり、寒冷の日だというのに半裸で長時間待たされた。ついに怒り心頭に発し〝俺達は奴隷じゃねえ、屋内でやってくれ〟とクレームをつけた。担当官は激怒した。私はそこに東大の権威主義を見た思いがして、こんな大学で四年間過ごしたら大事な一生をムダにすると判断して、東大をやめ慶応の医学部に入った。しかし数年で放校され、結局、武蔵大の経済学部を卒業した。大学は虚名で入らないことが大切なんだ」。

人間はあるとき、ボタンをかけちがえてきたということを知る。学校や学部の選び方にしても、講義の取り方にしてもそうだ。しかしそんなときでも、いままでかけてきたボタンをすべてはずして、はじめからかけ直すことをためらってしまう。

そして、あいかわらずぐちをこぼしながら生活を続けていく。服の歪みを気にかけながらも、いままでかけてきたボタンを思い切ってはずすことはしない。

ボタンをかけちがえていない人には、決断のときは少ない。しかしほとんどの人はどこかで一度はかけちがえる。それをはずすか、まちがったままぐちをいって暮らすか、ということである。

人間が価値を問われるのはそこなのだ。創造性とか発想力とかを問題にするまえに、自分の心の中の反省を明日の生活に生かせるかどうか、それができる人間こそ、価値があると思う。

第1章

ゼロから学ぶ

ゼロから出発せよ

「自分」はそんなにたいしたものじゃない

僕はこの原稿を、じつはシルク・ロードのオアシスの町タシケントのホテルで書いている。

昨夜のことだが、僕は日本人のグループにホテルの大食堂で会った。食堂ではかなりいろいろな国の旅行者たちがバンドに合わせて旅先の夜を踊っていた。ところが日本人グループは、やたらフラッシュをたいて写真を撮るだけで、踊りに加わる人間は一人もいない。しかも、その表情には、「こんなところで踊る人間と自分とはちがうんだ」という態度がちらついていた。極端にいえば、「いい年をしてあんな真似はできない」という、その場にとけ込めない雰囲気を持っていて、それをまたかたくなに守り通しているような気がした。

たしかに、われわれ日本人にはそうした楽しみの場所にかたくなにとけ込まない、いやとけ込めないものがある。恥ずかしさか、ナルシシズムか、それは、自分を「あるたいへんなもの」とでも思っている結果ではないだろうか。

たとえばわれわれは、十年もの間外国語を習う。ところがその国に実際に出かけたり、外人と会話をするチャンスがくると、まちがってはいけないと、なかなか口を開かない。だが、考えてみても、自分の国の言葉でもないものを、少しもまちがわずにしゃべるほうがおかしいだろう。

まちがってあたりまえなのだ。にもかかわらず、完全な文が頭の中でできてからでないとしゃべらない。しかしそんな文ができあがるころには、会話のテーマはすでに別のほうに移ってしまうだろう。

「たいへんな人間」がまちがいをするからたいへんなので、まだ何もできない人間が外国語をまちがってしゃべったところで当然ではないか。

自分はたいへんな者だからまちがった英語などしゃべれないというようなかたくなな気持ち、まちがった外国語をしゃべったら傷つくようなプライド、あるいは相手の外国語がわからなければ傷つくようなプライド、そんなものが、われわれの心の深みにある。

しかし、この自分は相当な人間——サムシングであらねばという意識は、かえってその人間が「たいへんな人間」になるのを妨げるものではないだろうか。ちょうど、まちがいをおかしてはならないという気持ちが、その人の語学の上達を妨げるように。

そして自分がサムシングであらねばと思っている人ほど、他人が自分をどう思っているかを気にする。被害妄想の人間は、また誇大妄想でもあるのだ。

自分はサムボディでなくてもいいのだ。何も、サムボディでなければ生きていかれなくはないのだ。何もそんなに肩ひじ張って生きなければならないということはない。自分をそんなにたいへんなものだと思わなくなり、淡々として生きていけるようになったとき、その人はきっとサムボディになっているのではないだろうか。

えらそうな顔をしてみたところで、人間であることをやめられるわけではない。どれほど気どってみようが、しょせん人間は人間なのだから。

「くだらない」と言う人間こそくだらない

ある私立の大学に在籍していた女子大生だったが、こんなことを日ごろから口にしていた。

「私のまわりの男性は、あまりにも低劣だわ。私は、こんな人間とは結婚を考えたくもないわ」と。なるほど彼女は、圧倒的に男性の多い環境の中で、最後まで誰からも誘われずに学校を出た。

もし、彼女が、自分を反省し自分を受け入れていたら、多くの男性は彼女に愛をうちあけたかもしれない。

けれども彼女は、自分がもてないことを、ここの大学の男性はくだらない、と主張することで、逃げてしまった。

そして彼女は、ここの大学の男性はくだらないという言い訳をすることによって、なおいっそう「もてる」ということを自分にとって価値あるものにしてしまったのである。

ある事態に真正面からぶつかるのを避けると、その避けたことによって、その事態を自分にとっていよいよ大切なものにしてしまうことはよくある。

もし彼女が、「どうして私ってもてないのかしら」と、その事態に直面していれば、じつは「もてる」とか「もてない」とかいうことは自分にとってべつにどうでもいいことになっていたのである。

僕は昔、ロマン・ロランを読んでいるとき、「現実を直視し、そして笑うことだ」という文章に感激した。しかしいま考えると、人間は現実を直視することによってしか、笑えないのである。笑って生きたければいやでも現実を直視するしかない。

彼女は、男性は卑劣だと主張することで、自分の中にある「もてたい」という願いを強めたにすぎない。

また、こんな女性もいた。彼女は恋人に、自分がどんなにもてるか、何度求婚されたかを、しゃべりまくったのである。はじめはそんな話に寛容だったその女性の彼は、デートを重ねるにしたがってとうとう耐えきれなくなり、その恋は破れてしまった。僕は、こう思う。その女性が世の中でいちばん優しく、温かく受け入れてもらえたのは、その彼の胸だったはずだと。

もし彼女が求婚されたとウソをつかなければ、求婚される回数と自分の女性としての価値とはそれほど関係ないと思えていただろう。

それが、「もてる」女としてのイメージをつくりたくて、「求婚された」とウソをついたとき、彼女は、求婚されることと、女性の価値を心の中で関連づけてしまったのである。会うたびに、「求婚された」とウソをつくことで、やがて彼女は求婚されない女は価値のない女であると感じ始めてしまったのである。

そして「求婚された女」という自分の仮面がはがれたとき、相手は自分と結婚してくれないのではないかという相手の人格への誤解を生んでしまった。

ウソをつく人間はどうしても周囲の人間を誤解しがちである。つまり、人間がときに自分にない特性を重要視してしまうのは、他人への誤解があるからである。

人間は自分の持っていないものをあこがれるというのはこの誤解からである。自分が自分であることによって愛されているのだ、という自信を持ってほしい。

「隣の芝生は緑だ」というのも同じである。芝生が緑だから、あの人は周囲に温かく受け入れられていると誤解しているのである。だから、自分の芝生も緑なら周囲に温かく受け入れられるにちがいないと錯覚するのである。

ありのままの自分を受け入れてもらえないなら、受け入れてもらえないことのほうが幸せであるということだけは忘れないでほしい。

はじめて敗者になったとき

僕自身の話を出してみよう。僕の高校の成績はかなりいいほうだった。そのために、大学受験のときには、自分自身を、よほど特別の人間のように思い、大学に進学するのは当然と思っていた。僕の目標は東大だった。

そして、落ちた。僕は生まれてはじめて敗者になったのだった。そのうえ、僕にとって激しい試練がおそいかかってきた。高校のころのガールフレンドを、みごと東大に受かった友人に奪《と》られてしまったのである。

「人間は誰でも他人の不幸には同情できるが、他人の幸せを喜べる人は少ない」という西洋の諺《ことわざ》がある。心の奥にこうした醜い面があるのが人間である。

僕も浪人の当時は、相手の不幸を願った。東大に受かった友人に対して、そして、僕を捨てた女性に対して。

浪人時代でもひんぱんに高校時代の友人と付き合っていたから、僕を捨てていった彼女の噂話《うわさ》は、いやでも耳にする。その噂を聞くのはなんと辛かっただろう。そのために、あるときには、仲間に会いたくないとさえ思ったものだ。いまから思えば、彼女が通っている女子大の前を電車が通るたびに、目をつぶったこともたびたびだった。

また、受験時代の日記に、こんなことも書いている。

「今日は予備校で英語の試験があった。地下鉄は十二時五十九分三十秒発を乗りにがしてしまって次のに乗る。地下鉄の中で泣きだしたいような、悲しい、圧迫された気持ちになった。

とにかく、一日生きるのになんと多くのエネルギーが必要なことだろう。そして一日の中になんと多くの圧迫された悲しみが散在しているのだろう。一日生きるのに、これだけ多くの精力をつかわねばいけないとは！　一日の終わりには精根つきて床につくとき、明日も生きねばならないと思うと泣きたくなる。

一日が終わったとき、明日も生きねばならないという思いに悩まされることは、大学に入ったって消えるものではない。大学に入ったって入らなくたって、どっちだっていいような気がしてならない。それにこのごろは一日を生きるということが、痛切に自覚される。

朝ヨーグルトをたべる。読書をする。ときに予備校にいく。晩飯をくう。……そのひとつひとつのうち、どれもが無意識になされることはない。ああ、今日はここまで生きてきた、ああ、今日もあと少しだと感じる。

生きていくことには、もはや寸分の余裕ももっていない。生存していることだけで力一杯の戦いとなってしまった」。

僕がここまでダメな人間になった原因は、自分のエネルギーを、何か他人のために使うということを当時あまりしなかったからである。

嫉妬している人間は、他人の役に立つ喜びを知らない人である。他人のために何かするという行為が、その人生に意味を与えるのである。自殺した人間の日記を読んでみると、自分がどうしたら世の中の役に立てるか、という視点はほとんどゼロである。ひがんでいる人間の行動を注意して見ていると、何か自分の所属している集団への献身はまずゼロである。

他人の世話をしてあげる、他人が困っているときに力を貸してやる、そのことが人間のエネルギーをさらに大きなものにする。

ひがんだり、無気力になったりしている人間は、他人のためにエネルギーを使うと、自分のために使うエネルギーがなくなってしまうような錯覚をもっている。

しかし、他人のためにエネルギーを使うからこそ、自分のためのエネルギーが生まれてくるのではないだろうか。

人間のエネルギーは貯金ではない。使ってなくなるものではなく、使うと増加するものである。小学校から高校まで、自分のためにエネルギーを使ってきた人は、大学時代こそ、他人のためにエネルギーを使うことを覚えてほしい。

そしてそれができたとき、他人の不幸に同情し、他人の幸せに喜べる人間になる。

「親友の不幸にさえ、心のどこかでほっとする」と警句にあるようなことを言う人は、おそろしいほど生きるエネルギーが枯渇《こかつ》している人である。

気にしているのは、自分だけではないのか

大学入試に落ちたとき、何より悩んだのは、同級の女性たちに、頭の悪い人だと思われないかということだった。めざした大学のめざした学問を身につけるチャンスを失ったなどという高級な悲しみとはかけ離れたものだった。

浪人時代には、浪人生活そのことの苦しさよりも、僕は他人の目を意識して苦しんでいた。東京の井《い》の頭線《かしらせん》の西永福《えいふく》というところに城西という予備校があった。そこに通っていた僕の友人は「電車を降りるとき、車内の人たちに、あの人は浪人だと思われるのが苦しかった」そうだ。しかし、いったいどれだけの人が、西永福に城西予備校があると知っているだろうか。

僕は、井の頭線で、西永福の四つ先の久我山《くがやま》にある都立西高に三年かよったが、西永福に予備校があるとはついぞ知らなかった。

彼が降りるとき、電車の中のいったい何人の人が「あの人は浪人しているんだなあ」と思って見ただろうか。浪人していると、まるで世間の人はみな、浪人している自分に注目しているような気になるものだ。

浪人時代にクラス会の通知をもらったときの僕も、滑稽《こっけい》なほど苦しんだ。クラス会に出席しなければ、好きな彼女は「加藤さんは浪人しているから来ないのだろう」と思うだろう。そう考えると、僕の胸ははりさけそうに痛んだものだ。

いま思えば、いったいあの女性が出席するかどうかさえわからず、出席したとしても、そんなひねくれた解釈をするかどうかさえわからないのに、一人悩んでいたのである。

たいへん成績のいい男だったが、その男は「自分が大学を受ければ、みんな受かると思うだろう。それが苦しい」と、悩んでいた。しかし、その男の周囲は、あいつがあそこを受けるんだって、大丈夫かね、という程度の評価しかしていなかったのである。

電車に乗ると、みんなが自分の顔を見るといって嘆く学生を知っている。いうまでもなく、みんなが彼を見ているわけではない。自意識過剰なだけなのだ。自分が気にしているほどに、自分はもてていないということも知っておくべきだろう。

大学の構内を本をかかえて得意になって歩いていたり、人にわざと聞こえるようにむずかしい議論をしている女子学生がいるが、周囲はいやなやつだと思っているのに、本人は得意になっているようなことはよくある。

もちろん、一生得意になっていられればいいけれど、いつかかならず、自分が得意になっているほど、人はこちらを問題にしていなかったと気がつく絶望の日があるにちがいない。そのとき、彼女は、「ワッ」と顔を押さえてかけだしたくなるにちがいない。

しかしこの絶望の日こそ、彼女の新しい出発の日なのである。なぜならむずかしい議論をわざとしている女子学生は、他人を意識して議論をするたびに、自分はむずかしい議論をすることによってしか受け入れられないという誤解を深めていくからである。そして、むずかしい議論をしないことによって他人から拒絶されることの恐怖を深めていくからである。

傷つけているのは自分自身である

これとはまったく反対の心理も生活の中で生まれることがある。

朝、駅でよく会う子で、いつもうつむきかげんに歩いている女子大生がいる。なぜだろうと思っていたが、その理由が最近になってやっとわかった。

彼女の左目の少し下には、小さなやけどの痕《あと》があったのだ。彼女にとって、そのやけどの痕を人に見られるのは最大の苦痛なのだろう。

化粧をすれば隠れてしまうようなちっぽけな痕ひとつに悩むなんて馬鹿馬鹿しいと思うのは、それが他人のことだからである。

先日、地方からはるばる訪ねてきた学生がいた。彼は、はじめ僕の学生時代のことについて、いろいろ聞き、僕もお茶などすすめながら、それを話していたが、そのうち、ついに思い切ったかのように、僕にこう訴えた。「先生、僕、精神分裂症なんです」それはたいへんだと、よくよくわけを聞いてみると、それは、授業中に気が散るとか、勉強していると、ほかのことに気がとられるとかいうだけにすぎないのである。いわゆる「散漫」というにすぎない。しかし、彼は自分だけがそうなのかと思い悩み、そのあげくに、はるばる東京までやってきた。彼のことを笑うまえに、われわれも同じ誤りをおかしていないかどうかを、考え直す必要がありはしないだろうか。

他人が自分のことをどう思っているかをえらく気にする人間は自己中心的な人である、ということは明らかである。自分が何かたいへんな人間であると思っているからである。被害妄想と誇大妄想とは関連しているということは、だから、ここでもう一度いっておきたい。

そして誇大妄想になってしまうのは、自分はサムボディでなければ他人から拒絶されるという恐怖である。まったくの事実誤認にもとづく恐怖である。

他人の言葉によって傷ついた、と多くの青年はいう。しかし他人の言葉によって傷つくのではなく、他人の言葉を借りて、自分で自分を傷つけていることはないだろうか。

ある人間は自分に価値があると思い、またある人間は自分に価値がないと思っている。しかし、はたして自分は自分が思っているとおりの人間なのだろうか。正直なところ、僕自身いまだにわからないくらいなのだ。その人に価値があるかないかなどというのは、やはり死ぬまでわからないのではないか。しかし、じつに不思議なことに、はじめから、たいして何もしてはいない大学時代から、自分に価値があるかないかを決めてかかっている人のいかに多いことか。

もし自分に価値があると思っているとしたら、その、のぼせ上がった気持ちを素直に改め、また、自分に価値がないと思っているならば、その劣等意識を捨てないかぎり、どこか、ぎくしゃくした人生になるだろう。

不注意なのか無能なのか

西高に在学していた当時、成績一番のAという男がいた。そのAに対して、僕はどんなことがあっても、自分のほうが無能であると思いたくなかった。試験のたびに敗《ま》けても、何か理由を見つけては、自分がAより無能であると認めることを拒み続けた。

「僕は中学校まで勉強らしい勉強は何もしなかった。だからいま敗けるのはあたりまえだ」とか、「俺は毎日三時間もの通学時間をとられている。その毎日のギャップは大きい」そう考えて、自分自身に一生懸命言い訳をしてみた。

浪人の時期にも、そんなことがあった。「俺が東大に落ちたのは無能力によるものではない。不注意によるミスだ」。

そうした言い訳は長い間続いた。能力のない人間は人間として価値のないものであるかのように感じていたそのころの僕としては、無能力な自分を認めることは、どうしてもできなかったのである。

たしかに僕は、典型的なオッチョコチョイだった。東大の試験では、半径と直径とをまちがえるというようなケアレス・ミスを繰り返した。

しかし、僕は「不注意な性質」ということで逃げ続けた。「能力がないのではない。たんなる不注意なのだ」と言い続けていた。

苦しいとき、つらいときに人間は誰でも逃げる。試験ができなければ「試験問題が悪い」と言い、テニスで球を打ちそこなっても、ラケットを見る。ラケットに穴がないことを誰よりも自分自身が知りつつも、ラケットを見る。好きな男性にふられれば「なんだ、あんな唐変木が」と言う。

イソップ物語の中にキツネの話があるだろう。自分の手がブドウにとどかないキツネは「あのブドウはすっぱい」と言い、自分のもっているレモンには、「このレモンは甘い」と言うのである。

僕も「自分が無能力である」という真実を素直に見つめず、不注意という、認めやすい欠点でごまかしていた。しかし、自分をどんなにごまかしてみても、ごまかしきれるものではない。

みんなと同じに勉強しなくても、自分は頭がいいから大丈夫だと思い続け、そんな毎日を続けていれば、自分はかならず転落していくと知ったとき、とうとう僕は、「俺はそれほど能力のある男ではない」ということをはっきり認めねばならなくなった。

自分が、こうありたいと考えているほど、自分は有能な人間ではないとどうしても認めねばならなかったことは、青春において、もっとも苦しい出来事のひとつだった。

しかし、「自分が望んでいるだけの能力は、この自分にはないのだ」という悲しみの丘は、すべての青年が一度は通り過ぎなければならない丘である。この丘を通過することを拒めば、それから先に進むことはできない。

この丘を越えたとき、はじめて、自分の心を自分が操作し、生きるということはどういうことなのだろうと考える資格ができるのだから。

僕は自分の能力のないことを、不注意ということに逃げていたからこそ、「人間の価値は能力によって決まる」という誤った考えを強めていたのである。

つまり、不注意だから、と自分の不合格を合理化したことによって、自分の劣等感を深めていたのである。人間はどんなにうまく言い訳をしても、その言い訳の結果生まれてくるものは引き受けなければならない。言い訳をすれば心の奥深いところで自分の価値を信じられなくなってしまう。

劣等感から何かを拒絶すれば、劣等感を深めるだけである。人間は何度も言うように、事態に直面することによってしか事態を乗り越えられないのである。

もし、たとえば「俺は一橋《ひとつばし》に入りたかった。しかし一橋にはどうしても入れなかった」と認めることができるとしたら、そのときこそはじめて、その人間にとって、ほんとうに出世がどうでもいいことになるのではなかろうか。

自分の心のいちばん底にある感情は、目をそむけるとますます強くなるが、正面から見すえると、あんがい陽《ひ》にあてられた春の雪のようにあっけなく消えていくものである。

正面から見すえる勇気がないために、いよいよその感情を強くしてしまい、そのためにいよいよ自分の価値を心のいちばん底では信じられなくなってしまっていることは、自分が思っているより多いのである。

生活を変えよ

近くのトイレと遠くのトイレ

何をやりたいのか、それさえはっきりしない自分をどうするのか、大学で学ぶ手はじめは、まずそこから出発しなければならない。

では、どうするのか。何をしていいかわからないで苦しんでいる大学生にとって、その第一歩は、高校までの生活の仕方といさぎよく訣別《けつべつ》することである。

いままでとちがった行動をすることによって、そこに何かを見つけられるかもしれないからだ。

たとえばもっとも簡単な方法は、使うトイレを変えることである。いままでは汚なくても近いから行っていたのなら、こんどはたとえ遠くてもきれいなトイレに行ってみることである。

それは「用をすませればそれでいい」というような効率だけを考えた人生から、自分を変化させる第一歩になるかもしれないからである。

いままで他人に親切にするときは、何か自分に利益をもたらしてくれそうだと思うときだけだったとすれば、こんどは、自分の将来になんのプラスにもならないようなことに奉仕してみてもいい。

もし、そのことでいままで味わったことのない感情を得られるとしたら、それは、これまでは他人を自分の手段としてしか見ることができなかったために味わえなかったものだろう。現在を未来への手段にしないこと、それを大学では考えるべきなのである。

なぜ大学でそんなことをしなければならないか。それは、大学時代には、そんなゆとりが他の時代にくらべればあるからだ。かなりのんびりした性格の人物でも、社会に出てからは、人への奉仕などに時間を割《さ》けることは少なくなってしまう。大学のこの時期にそれを学ばなければ、おそらく学べる時期はやってこない。

人間には、あることを学ぶ時期がある。それより早くても、それより遅くても身につかない時期というものが。だからこそ、僕は、それをすすめる。

この人間は将来利用できるかできないか、という考えを基準にして人と付き合っていたとしたなら、思い切って自分の将来を危険にするような人間、損ばかりさせられるような人間と付き合ってみることである。

それほどおおげさな話でなくても、たとえば、いままで学習の時間が割かれるからということで病気の友人の見舞いに行かなかったのなら、勉強の時間を割いても、レポートの提出ができなくても、とにかく花をもって病院へ訪ねてみることだ。

その花も心をこめて選んでみることである。そして、馬鹿馬鹿しいほどのリボンでもかけてもらうことである。いままでの年賀状とちがって、自分にとって何の利益にもならないと思っていた相手にも心をこめて出してみるのである。

その意味でも、仲間から誘いのあった会には、たとえば三十分でも出席してみるといい。するといままでとはまったくちがった世界が、そこに見えるかもしれない。いままでくだらないと見さげていたことが、じつは、別の価値の世界では、もっとも高い位置にあるということがわかってくるかもしれない。

たとえば週刊誌をくだらないものだときめつけて読まない人は、一度買って読んでみることである。

反対に、読書といえば週刊誌だけだという人なら、一カ月読まないでみることである。

週刊誌にかぎったことではない。スポーツ新聞はくだらないと考えていたなら、スポーツ新聞に徹底するとか、逆に、スポーツ新聞にのめりこんでいる自分に、一カ月の禁読期間を課してみるといい。

こうして行動の変化をつけると、自分の行動の背骨になっている判断を、反対側から見つめることができる。そのことこそが、自分に力をつけてくれる。

何を核にすればいいのか

大学の二年生のとき、五月祭の準備に忙殺されている僕に、クラスきっての秀才が忠告してくれたことがある。

「何のためにやっているんだ。部活動なんて何にもならないじゃないか」。

彼は親切心で忠告してくれたのである。大学祭で活躍したからといって、一銭の儲《もう》けにもならないし、就職の際の有利な条件にもなりはしない。

何のためにもならないことにエネルギーを注《つ》ぎ込むなど、たしかに彼から見ればまるで理解できないことだったのだろう。

部活動といえば、大学時代の僕の友人に、ワンダーフォーゲル部にすべてを打ち込んでいる者がいた。彼はワンゲルが忙しく、年間で二、三度しか講義に出ず、先生の顔もろくに見ずに試験を受け、卒業するといった人間だった。彼にとっては、ワンゲルすなわち大学というような打ち込み方だったのを記憶している。

彼にくらべれば、僕などは、全身全霊をワンゲルに打ち込んだわけでもなく、かといって、勉強に打ち込んだのでもない。中途半端な生き方といわれてもしかたないかもしれない。

彼は、大学のすべてを、ワンゲル中心に考えていた。友人との出会いも、付き合いも、教授たちとの関係も、すべてはワンゲルを核にして広がっていた。一年に百日以上も山にいっていたろうか、山にいないときは、ワンゲルの部室にいけば彼の姿が見られたのである。就職就職と浮き足だつ四年になっても、彼はやはり山をやっていた。そして、あるとき山を下りてきたら、もう就職のシーズンは終わりかけていた。

彼が試験を受けようと思ったメーカーは、彼が山を下りた次の日で締め切りだった。そのメーカーに、彼は、すべり込んで就職した。

同じワンゲルの仲間が、五〇パーセントの力を部のために、あとの五〇パーセントを勉強に使っていても、彼はゆるがなかった。「たかがワンゲルに、そんな力を注いでみたところで」とは、彼は思わなかったのだろう。しかし、彼は、他人がワンゲルに見いだせないものを見いだしていたのである。おまけに、山行きのプランニングから、チームワークから、役割分担などを、じつに着実にマスターしていたといえる。

彼はいま何をやっているか。山から帰って、ぎりぎりに飛び込んだ大メーカーの人事の責任者である。つまり、彼は、いま、大学を卒業して、そのメーカーに入りたいという学生を、採る側の立場である。世の中のめぐりあわせ、人間の適所というのは、そんなものである。

卑屈さを勇気に変えよ

クラスの世話役など、労多くして実りの少ない損な役まわりだと口にする学生がいる。しかし、損かどうかはやってみなければわからない。

あるときは自分の誇りにさからって行動してみることで、じつは、それが真の誇りと呼べるものなのか、それともたんなる虚栄心にしかすぎなかったか、ということがよくわかる。

もしその変更によって、何か心の中に明るい変化を感じとったら、それはいままでの自分が考えていた価値は、どこかでかたよっていたのである。つまり、誇りと思っていたのはたんなる虚栄心だったのである。

クラスの世話役などはくだらないという価値観にさからい、思い切ってクラス委員などに立候補してみると、何か心の中にいままで味わったことのない波のうねりを感じるかもしれない。いままで一度も感じたことのないひびきが聞こえてくるかもしれない。そのとき、

「ああこれだ。生きるとはこのことだ」と感じるかもしれない。何でもやらないうちからわかったと思っている学生は、よほど人間の存在をつまらないものと考えている学生だろう。いままで卑屈なことだと思っていたことさえも、ときにはやってみること、それを〝勇気〟と考えてもいい。

たとえば、「こんなやつにはぜったい頭を下げたくない」という思いは誰の心にもあるものだ。なるほど、頭を下げないという決心にはそれなりの理由があるはずである。しかし、その動機は、それほどまでに誰が考えても納得できるものだったのだろうか。

ある行為が卑屈か、高貴かを判断するのにはそれなりの基準があるが、自分のもっている基準とは、それほどまでにたしかなものかどうかを疑ってみる必要があると思う。

キザで遊び好きな男は友人にすべきでないと決め、そう決心して頭を下げないのは、遊びに対して、あるいは遊びをして消えていく時間そのものに対してひとつの価値判断を下しているからである。

ところが、その価値判断はそれほど誤りがないと言いきれるものなのだろうか、と考えてみれば、たんなる偏見にしかすぎない可能性はかなりある。

それなら、一カ月でも二カ月でも、そうした人間に対する見方を変え、その人たちに対する行動も変えてみることである。

自分をかたくなに閉じて女性を拒否している男性の目から見れば、女性は自分を拒否していると感じるだろう。自分が世界を拒否した者は、なぜか世界が自分を拒否したと錯覚するものだからである。

人間はときに愛されないとなげく。しかしそれは愛されるに値する人間ではないからではない。他人の好意に対して自分の側が心を開いていないだけのことである。

自分がはじめからケンカごしで相手に対することで、相手をケンカごしにしてしまうのである。相手の態度を変えてしまったのは、自分の相手に対する態度であるということを、忘れてはいけない。

なぜその職業なのか

大学は偏見から脱け出すところである。これまで、大学に入るまでの過程というのは、ある意味で偏見をうえつけられてきた過程でもあった。小学校から中学校、高校、大学へと、塾や予備校へと進む中で、さまざまな偏見をつちかってきたにちがいない。

それはまた家庭の中でも同じである。一定の価値観、悪く言えば偏見というべきものを家庭もまた子どもの中にたたき込んできた。商家で育った人間と、教員の家で育った人間と、政治家の家で育った人間と、中小企業のサラリーマンの家で育った人間とでは、当然その家の雰囲気の中で身につけた価値の見方が異なっているはずだ。

いままで「教育者は銀行員より立派である。金は尊いものじゃない」というある種の家訓的な雰囲気の中で育てられてきた人間に、「金は汚ないものじゃない」という前提のうえに立って行動してみろといっても、なかなかむずかしい。

価値観の向きを変えるのは、それが一時的なことにせよ、なかなかできることではない。それは自分の立っている基盤をぐらつかせることになるからである。ところが皮肉なことに、この価値を自分自身の中で変更させることがむずかしければむずかしいほど、その人間自身はかえって変更が必要な人間だと言わざるをえない。

給料が少しぐらい少なくても、教師は聖職であり、知的エリートであるという理由で自分を支え、教育学を志望した人間がいたとする。その人にとって、自分の柱は、知的エリートであるという誇りをつらぬくことだろう。

まえから気になっていることのひとつに、大学に入るまえから強すぎるほどの進路意識が心にある場合がある。しかし、自分は将来役人になるのだと小さいころから心に決めていたとしたら、ここで立ち止まって、「ほんとうに自分は役人タイプなのだろうか」と考えてみることである。なぜ自分は役人になると決めていたのか、その過去をさぐってみると、理由がはっきり見当たらないことさえあるからだ。

それは、自分が決めたのではなく、親の期待を何となく察知して、いつの間にかそう思うようになったにすぎない、ということもあるだろうし、高校時代にあこがれていた先輩がその道を選んだからという場合もあるだろう。

人間は十年間そう思って暮らしていると、いつの間にか、それがとりわけて理由のないことでも、ほかに生きようがない気がしてくるものである。

自分は役人になろうと小さいころから準備をすればするほど、役人以外の人生はつまらないものに思えてきたりする。自分の視野をいよいよ狭くしてしまうのである。

視野を狭くすることで、それになれなかったら自分の人生はもう終わりのように錯覚してくる。この錯覚は当然、なれなかったら、という恐怖を生む。

ひとつの人生が終われば、そこでまた別の人生が始まるのに、視野の狭い人はいつも恐怖におびえている。

年をとればとるほど視野が広くならなければいけないのに、ときに逆のことがある。それはいよいよその固定した視野で自分と他人の人生を見るからである。

人間の価値観がかたよるということの恐ろしさを知ってほしい。

だからこそ、大学で、立ち止まって、いままでとちがった動機にもとづいて行動してみることをすすめるのである。

ほんとうの自分を見つけるために。

無気力に悩んでいる人で仮にその目標が公務員だとしたら、こんどは公務員にはならないという前提で行動してみることである。「役人はまっぴらだ、やるなら新聞記者だ」という前提に立って行動してみるのである。

そして何か新鮮なものを自分の中に感じたら、いままでの前提は自分にとってまちがっていたということである。

絵を描いていれば幸せだという人間が画家になろうとするのとちがって、小さいころから役人になろうとか、商社に勤めようとか決め、大学に入ってもまだその志が同じように変化しない人というのは、一直線に進んでいると考えるより、どこか不自然な歪《ゆが》みがあると考えるほうがいい。それは役人になりたくて役人になることに決めたのではなく、どこかほかに原因があるからだ。

誰がランキングを決めるのか

そして現実に、こんな悲しいケースがある。

この男は、有名校の理工学部から大学院に進んだところでノイローゼになってしまった。

彼は、小学校から高校の二年になるまで、父親に、将来は公務員に、それも大蔵省に入るようにと言われ続けて育てられた。というのも、父親はやはり公務員で、人生のランキングをいやというほど味わってきたからだった。

父親は、彼が自分の進路や学習について何か反抗的な素振りをみせると、とたんに不機嫌《ふきげん》になり、ときには凶暴に物を投げつけたりして騒ぐのである。小さいころからそんな日々の連続だったので、物心ついたときには、その父親に対する恐怖は完全に内面化し、何もかも、楽しみを捨てて勉学に打ち込まざるをえなかった。

ところが、高校二年を終えようとしたとき、父親は彼に、突然、理工学部に進むことを命じたのである。

というのも、ちょうどそのころ、彼の姉が、その理工学部の助教授をしている男性と結婚することになったからだった。

父親としては、大蔵省より、その理工学部を卒業させて、学部の教授を狙《ねら》わせたほうが確実だと考えたのだろう。義兄の研究室にでも進ませれば、むだな苦労なしに、そこを継ぐことができるということだったらしい。

文科系から理科系への、あまりにも急な変更を押しつけられて、彼は呆然《ぼうぜん》としたが、しかし、その命令に従った。そして、大学院まで進んだところで、彼は、自分の適性と現実とのずれから、ノイローゼになったものだった。

ムチによる強制的な進路だったことはわかる。しかし、どうして大学時代に、目をほかに向けられなかったか。机と本との生活を離れ、行動を変えることでものの見方を変え、そのとき自分の内におこった変化をたよりに、自分の進路を眺めてみることがなぜできなかったのだろう。

彼の場合は、ムチによって、人生を失ってしまった。しかし、アメでだめになっている人間も多い。大学で目を開くことは、アメかムチか、いままで自分の心を腐らせていた原因をつきとめることだろう。

きっかけを創《つく》るのは自分自身である

有名企業に入ることに、大学に入るまえからすでに何となく決めていた人間は、まず自分が、精神的には牢獄《ろうごく》に入っていたのと同じだったと自覚する必要がありそうだ。

ことに有名企業に入りたいという理由がことさらなく、ただ世間的な序列が高いというだけで決めていたのであれば、それはじつに多くのものを見落としている。

いままで、志望し続けていた職業に疑問をいだき、その目で見ると、じつはまったく見落としていた部分が少しずつ見えてくることも考えられるのではないか。

おそらく職業というものは、そういうものにちがいない。なりたくてその職についた人間と、ふと別の世界に目をやったときに見えたものを自分の職業に選んだ人間と、その確率は半分ずつだと思う。

朝日新聞の故・扇谷《おうぎや》正造《しょうぞう》氏は、「君はヤル気があるんですか」と教授に言われるくらい教室に顔も出さず、卒論の半分も、友人に書いてもらうほどの学生だったそうだ。彼が新聞社に就職が決まったときには、「あの扇谷でさえ就職が決まったのに」と言われたくらいだった。

その氏が、やがて自分の進路になる「新聞の世界」と出会ったときのエピソードは、かなり面白い。

「大学の講義は、私の期待を裏切った。そこで繰り返されているのは、膨大な資料の堆積とその格闘とであった。学問とはほんらいそういうものだが青年は性急だ。私は、すっかり講義に愛想をつかし、学外にとび出し、労働運動に身を投じようかと思っていた。組織からの線はすでに私にはつながっていた。

四月二十日すぎのある午後、私は、二十九番教室の下の地下食堂に、ボンヤリすわっていた。階段と窓のすき間から光線が一本強く射し込み、黒びかりしたテーブルを、そこだけ明るくしていた。

（さて、どうしようかな）

前途は灰色のように重苦しかった。満州事変はその前年に、はじまったばかりであり、町には失業者があふれていた。家産を傾けて学資をつづけてくれてる家郷の期待には、とうてい、自分はこたえられそうもなかった。これからとびこもうとしている道は、きびしく辛いものだった。私はまだ迷っていた。

（いったい、どうすりゃいいんだ）

ゴールデンバットの一本をくゆらしたとき、フト、テーブルの上の一枚の新聞が目にはいった。何気なく手にした。パスカルは『クレオパトラの鼻がもし、もうちょっと低かったら、世界歴史は変わっていたかもしれない』といっているが、そのデンでいうなら、この一枚の新聞が、私の運命を変えたということになるかもしれない。手にしたのは大学新聞であった。その第一面は、今でも鮮かにおぼえている。二段ボックスで、
『編集部員募集……』
とあった。（ひとつ、これでもやってみるか）私は、立ち上がり、安田講堂傍《わき》にあった廃屋――大学新聞編集部にでかけ、ザラ紙の原稿用紙をもらうと、地下食堂で、規定の作文を何枚か一気に書きあげた。私の運命は、そのとき、決められた……。」（『この後に続く者へ』より）

ふと目を遊ばせること、それができればしめたものである。それはどんより曇っていた空から、チラリともれた光に似ている。

きっかけというのは大切である。そしてきっかけは、きっかけにしたからきっかけなのである。何事もなく過ぎてしまえば、そのことがきっかけであったとは誰も思わない。

きっかけはある。きっかけにしないで過ぎてしまえば、きっかけを逃したことには気づかないからだ。それをきっかけにしないのは、ほかでもない自分自身なのである。

最低二人の友人があれば

いままでの自分の付き合いにはない、異なった生活態度、種類の人間に接することももちろん大切だろう。

もしいままであまり本と縁がなかったなら、こんどは本の虫のような人間と接してみることである。いままでガリガリ勉強する人間を軽蔑していた人は、よく勉強する人と接してみるといい。すると、いままでの自分が「あいつらは」と、勝手なイメージをもっていたことに気づくかもしれない。「どうせあいつらは俺たちを避けているんだろう」などといままで思い込んでいたら、じつは避けていたのはこっちだった、などということもあるだろう。

一人よがり、勝手な思い込み、いきちがいなど、人間関係はお互いの勘ちがいでギクシャクすることもままある。

そして何より大切なことは、こうしたいままでと異なる人たちとぶつかることによって、自分の価値観がどんなにかたよったものだったかに気がついていく点だ。

僕はよくゼミの学生に、友人は最低二人持てよ、と言っている。なぜ二人なのか、とたずねられるから、一人は、会えば議論が始まって自分のプライドを傷つけるようなやつ、もう一人は、いるだけで気持ちが楽になるやつだと言っている。そしていつまでたっても議論する友人が不愉快なだけだったら別れたほうがいい。しかし議論をしながらも、何かひかれるものがあったら、その友人を通して自分の価値観の歪みに気づいていくべきである。

民法の試験で八〇点をとったとしよう。その場合、八〇点というのは、たてまえとしては、どの教師が試験をしても八〇点であり、また彼をよく知っている人が評価しても八〇点であり、彼を全然知らない人が評価しても八〇点であるべきものである。たてまえとしたら、その八〇点は日本中どこへ行っても八〇点という性格である。

ところが、あるAという学生の価値は、親友であるBにとっては、かけがえのないくらい大きなものであり、彼をまったく知らないDにとってはAは群衆の中の一人にしかすぎない。たとえばマージャンの卓を囲んだとき、下手《へた》でもそこにそいつがいないと、マージャンが面白くないということがあるだろう。

マージャンがうまいという人間はどこへ行っても上手《じょうず》なのである。ところが下手なやつは誰とやってもとにかく下手なのである。

だが、そいつがいないとどうしてもマージャンがつまらないという人間、つまり「そいつ」は他人の人生に意味を与えている人である。たとえいつまでたっても振り込みばかりの下手であっても、そいつがそこにいないとつまらないという人間である。

上手か下手はどこへ行ってもやはり上手か下手だが、やり甲斐《がい》を与える人間はどこへ行ってもそうだとはいえない。その人間を好きになった人間、そいつと親しくなった人間だけが言えることなのである。

与えることで幸せになる世界がある

秀才というのは、どこへ行っても秀才であるはずのものである。北海道で頭がよくて九州で悪いというのではない。しかしどんな秀才でも、どこへ行っても意味を与えない人がいる。いわゆる誰でもあって誰でもない人間である。秀才はあまりそういうことはしないかもしれないが、いま大秀才Aがトランプをしていたとする。そこに用事ができて、その秀才がぬけ、代わりにBという、これまた秀才が入ったとしよう。そして、その入れかわりが、他の四人にとって何の意味の変化にもならないことがあるだろう。

つまり、Aは、AであってもBであっても変わりなかったのである。まさに誰かがそこにいればよかった。そして、もしAが上手なら上手な人間を連れてくればすむことだ。どうしてもAでなければならないなどということはない。

大学に行くと、講義自体はつまらなくても、そいつと一緒にいると何か大学が楽しくなってくる、そんな人間を、教室のまわりにもつことだ。いつの時代よりも現代はそうしたことが必要な時代であるにもかかわらず、いつの時代よりもそうしたものが無視されているような気がする。

若いころのある夏休みのことだったが、僕は友人と海に行ったことがあった。ある夜、友情論に話が移ったとき、いったい、友達がいなくても生きていかれるかと、誰かが言いだした。

僕と、もう一人が、「生きていかれない」と言った。そのとき、もう一人のTは黙っていた。しかし、海から帰って、すぐにとどいたTからの手紙には、「友達がいなくても、自分は、あるいはやっていけると思う。しかし、あのとき、あの海辺で、友達がいなくては生きていけない、と言い切れなかった自分が、ほんとうに情けなかった」と書いてあった。

友情に裏切りはつきものだ。信頼していた友人に、恋人を奪われたりもする。しかし、裏切られるのを恐れて友人をもたなければ、そんな人生には、感動もありえない。

結局のところ、人を信頼して、そのことで喜びを味わえるとしたら、裏切りの危険を覚悟で信頼することでしか得られないだろう。

一時間働いて五百円もらえるなら、二時間働けば千円になるのが産業社会である。ところが、友情ばかりは、そうはいかない。何のみかえりもなしに、何時間ものエネルギーを費やすことが多いものだ。計算してみれば、こんなに馬鹿らしいことはない。

だが、この世界には、相手に与えることで自分が幸せになるという、満足、充実が確実にある。人間は他人に与えることによってしか豊かになれない。

いまでもよく思い出すけれど、学生のころ、僕は友人と神田の本屋街を歩いたことがあった。雨の降る中を一時間以上も二人で歩いた。冷たい雨だったが、最後にその男が「楽しいな」とポツリと言った。僕も「ウン」と彼の顔を見て答えた。口に出して何も言わなくても、二人が完全に理解し合えているような世界、会ってもただ黙って座っているだけで満ち足りる充実感を、あのとき、僕は知ったのである。

心をさかなでする友人をあえてもつ

さて、友人には、もう一人ほしい。それは、会えば口げんかが始まるような、理屈っぽいやつである。

それは、馴れ合いの友人関係をつくらせない、緊張状態を続けられるやつである。自分と意見の合うやつと付き合いやすいのが人間である。そういう世界をもっているかぎり、別の世界を理解しようともしないし、場合によってはのぞきもしないことが多い。

だから、もし自分の意見に向かって挑戦してくる人間がいたら、それは、敵ではなくて、むしろ学ぶべき師である。

偏見に満ちている人間ほど自分の意見にしがみつく。その価値を主張すればするほど、どうしてもほかのいろいろな価値を許せなくなるとしたら、まず、その自分の信じている価値観を一度否定してみる必要がある。

つくった壁は、より高く、より強くすればするほど、じつはその人間自身を不安にする。不安だから壁をつくり、壁をつくることでいよいよ不安になり、いよいよ不安になるからさらに強固な壁を築くという悪循環に陥ってしまう。そしてそんな不自然な価値を主張し、それにしがみつくことで、しだいに社会的に孤立していってしまう。

とはいっても、そのような人は社会的に孤立し、他人との接触をなくしながらも、他人を求めているのである。もうどうやったら他人と付き合えるのかがまったくわからなくなってしまっているのである。

人間にとってさまざまな不幸のてっとりばやい解消は、まわりに向かって自分をひらいていくことなのだが、逆に価値に対するかたよった見方があるために、近づいてくる人々を遠ざけてしまうことはよくあるものなのだ。

大学が学問をするところなのは言うまでもない。しかし何のために学問をするのかといえば、自分自身の偏見をいっそう固めるために、学問をするのではないだろう。

何かを学ぶまえに、すでにあるものさしでよいか悪いかを判断し、その判断を合理的に説明するために学問をする人はあんがいいるが、学問の手順はそれでは狂ってしまう。

ただ、人間の日常の行動は、まず、そのようなものになりがちだ。資本論を読んでから共産党に入党するのではなく、共産党の活動をやっているうちに、共産党への親近感をもち、そしてそのみずからの価値のハカリと親近感を正当化するために資本論を読むということが多いのではないだろうか。

あるいは、聖書を読んでパウロを研究してからキリスト教信者になるよりも、友達に誘われてクリスマスのミサに加わり、教会の雰囲気に接するところからキリスト教信者への路を歩み始めるというのがふつうではないだろうか。

だが、自分の政治的思想が先にあって、その理論づけとして学問をするという姿勢はどう考えてもおかしいと思う。大切なことは思想と現実とをたえず往復させることである。

福沢《ふくざわ》諭吉《ゆきち》は、反対意見があると、あえて自分の意見を捨てて、いったんその意見を採り、自分が主張していた説のマイナス面を反対側から眺めてみることがあったという。それが彼の当時としては驚くほど柔軟な人柄、先見力を育てたのである。

自分の説のかたよりを教えてくれる人間、いつも心をさかなでするようなやつを、ほんとうは大事にしなければいけないのだ。

要領がいいと不健全になる

学校時代を通じて、成績が優秀だという学生、とくにオール5やそれに近いような学生は、どちらかというと勉強の要領がいいわけだ。

ところが、大学にいて、たくさんの学生を見ていてつくづく思うのは、要領のいい学生は、その場その場の間に合わせはうまいけれど、ただそれだけにすぎない人間で、生きる馬鹿力を欠いている場合があるのが気にかかることだ。

入試科目に英語と数学と国語があるとすれば、それだけの理由でそれらの学科を懸命になってやる。しかもその中でも、点に関係のないページは読みとばし、とくに入試に出そうなところだけをうまくやる。ただそれだけではなかったのか。

つまり、高校まで頭のいいやつとか、秀才といわれた人間には、うまく入試に出るところだけをピックアップしてやってきた学生が多いのではないだろうか。

中間試験前には中間試験に合わせ、定期試験前には定期試験に都合のいいように勉強し、高校を突破し、大学入試でもその調子を発揮し、おそらく就職でもそうなのだろう。

つぎはぎとその場のつくろいで人生を最後までやりくりしていく。その生き方のもたらしたものが無気力と無意味感であるような気がする。となると、一見要領よく見えたその生き方は、あるいは完全に失敗だったともいえるのではないか。

試験だけではない。青春全般についても同じことがいえる。青春時代には、誰でもが悩みと疑問とを胸のうちにもっているものだろう。それを友と語り、書を読み、ものを書くことで解決しようと努力していく。それこそが正常なのである。しかし、そうしたことを押えてきた要領のいい人間は、どこかに歪《ひず》みが出てくる。不健全になる。

人生を全体から見れば、青春時代には、友と語り、書を読み、ものを書くといった行為に十分にひたったほうが、じつははるかに要領のいい生き方なのだと思う。

そうした生き方をする者には一日一日と意欲が湧《わ》いてくるが、その場だけつくろいながら生きてきた人間は、一日一日と意欲を失っていく。

門限を破れ

人生に門限はない。世間体の同調者だけが、浪人は格好が悪いと大学に入り、就職を急ぎ、世間の基準に従って結婚する。それでは、まるで門限恐怖症だ。

世間は価値基準に従わない生き方は、当座はかなり格好が悪い。しかし、苦しくとも一歩一歩歩んでいけば、やがて生きることに大きな喜びを感じるような人生がひらけてくる。

僕はこれまでよい成績で進んできた人間、気づいているかいないかは別にして、いわゆる学校秀才になりかかっている人間は、門限破りをどんどんやってほしいと思う。

門限破りは、講義を休み、レポートを出さず、試験を受けずに単位を落とすところから始めてもいい。生きることに意味を失ってしまった人間にとって、講義にまじめに出席し、レポートは締め切りより一週間もまえに出し、試験で高得点をあげるだけがいいとはかぎらない。

ある編集者に聞いた話だが評論家の故・加藤周一氏は小学校五年ですでに東京府立一中(日比谷高校)に進み、五年制の中学校の四年生で一高理科(東大教養学部)へと、エリート・コースを一直線に進んだ。

しかし、一高に入ってからは、「遊びと勉強がいっぺんにできるか」と、教室に顔を出さず、本を読んだり、テニスをしたりの日々を続け、落第を経験している。

大学とは、けっして建物ではない。教室ではない。そして講義だけではない。もし図書館や教室で学ぶということだけが学問のイメージになってしまっているとすると、その認識は歪んでいる。

小学校や中学校のときの卒業式で送辞や答辞を読んできた学生で、人生の感動とは遠い人間になってしまった人は思い切ったことをやってみることをすすめる。

いままで、成績は結果につけられてきたが、こんどは、過程につけられるものと考えてほしい。感動は、過程を大切にする姿勢から生まれる。なるほど与えられた課題についてこなしていれば、不安はない。しかし、反対に、与えられたものには感動は少ない。

自分の中で必死になってしがみついているバランス感覚を狂わすこと、それを、あえてやってほしい。つまりほんとうのバランス感覚はそんなに必死にしがみついていなくてもいいものなのである。それを必死にしがみついているとすれば、それはどこかおかしいのである。バランス感覚とは元来、自然なものであり、他人にも自分にもそれほど主張しなくていいものである。

つくろうだけの生き方をするな

雑誌の依頼で、予備校に行き、集まってくれた浪人諸君と話し合ってみたときのことだ。僕が目的の大学に受かる自信はあるかときくと、かなりの数が「ありませんねえ」と答えるのである。そこで、もし落ちたらどうするのかとさらに質問すると、「確実に落ちるでしょう。だから、第二志望の大学も受けます。そして、また第一志望の大学を受け直します」と言う。

そうか、まず第二志望に入って、もし機会があったら、またはどうしても第二志望の大学に満足できなかったら、また受け直すということなのだなと考えていると、そうではないのである。彼らは第一志望の大学を、機会があったら受けるというのではなく、確実に受け直すという。

つまり、まず入るという第二志望の大学は、彼らにとってどんな意味ももっていないということになる。

ところが、そばにいた予備校の事務長は得意げに「うちの学生には、すでに私大に籍を置いている者がたくさんいますよ」と言うではないか。

そういえば、僕が浪人をしていたころにも、気にそまぬ大学に籍を置きながら、模擬試験を受けたり、受験勉強を続けたりしていた男がいた。時代が移り、事務長のいうような二重生活の学生が多くなったのは事実である。

だが考えてもほしい。とりあえず浪人生活からぬけだして、世間に対して体裁を整えておこう、というふうにその場その場をつくろっているとやがて人生全体に対する意欲を喪失し、自分を信じられなくなる。ところが一見、世間からは馬鹿のように見られる人生が、じつはもっともすばらしい生き方になるときもある。

小利口に立ちまわり、要領よく世間に合わせている人間から、「僕は生まれてきてよかった」というような言葉がなかなか聞かれないのは、自分の人生を他人の評価のうえに築いてしまっているからである。

すがすがしい生き方とは

体裁のために大学に進む者は、また就職も世間体を考え、世間の価値基準に合わせようとする。必死になって、一流企業をめざす。

いったん自分の人生を他人の評価のうえに築きだすと、他人の評価が大切になってくる。体裁のために大学にいった者は、そのことによっていよいよ体裁が大切になってくる。

女性なら、結婚だ。何歳までに結婚できなければ、格好が悪いと世間を気にし、とどのつまりは自分を不幸にする男をつかむことになる。

世間的基準に合わせるために、気をもみ、あせり、狂奔して空《むな》しい競争をする。そのような競争をすればするほど自分で自分が嫌いになる。

大学で学ぶうちにつかみとるもののひとつとして、僕は人生への正しい姿勢をあげておきたい。

自分は何をめざして生き、どう生きていけば真の生き甲斐が得られるのか。それを四年間問い続け、行動し続けてほしい。

正しい姿勢をもったら、それに従って着実に進む。その姿が、たとえ他人には愚直にうつり、損な人生と思われたとしても、自分の心が満たされていれば、それでいいではないか。たえず世間体を意識した、愚かしい競争と縁を切ることができれば、そのとき自分で自分を好きになれるかもしれない。

愚かしい競争社会と縁を切った生き方、それはなんとすがすがしい生き方だろう。

「人がどう思おうと、そんなことを気にしてたまるか」と、割り切るのである。それができなければ、人生をのびのびと生きることはできないだろう。

他人への恐怖にもとづいて行動するのではなく、他人への愛情にもとづいて行動できるようにならねばならない。

行動の動機を恐怖から愛情に変えられるか、変えられないかである。

よく「他人なんかどう思ったってかまわない」と言うと、それは身勝手な行動をすすめているかのように誤解する人がいる。

けっしてそうではない。他人が自分をどう思うかという恐怖にもとづいて行動するな、ということなのだ。

同じ浮気をしないという行動でも、ある人はバレるのが怖いからしないのであり、またある人は自分の恋人にかわいそうだからしないのである。

カンニングをしないというとき、見つかると恥ずかしいからしないという人もいるだろうし、自分の誇りが許さないからしないという人もいるだろう。

恐怖にもとづいた行動は恐怖を強める。他人の目を気にして行動するとよけい他人の目が気になり出すのである。

禁欲は積極的人間だからできる

まえに述べた学校べったり型とは逆に、これまでの人生の比重が、「遊び」にかたよっていた人、その人は、禁欲のすばらしさを学んでほしい。

人間という生きものは、苦労しすぎると早く老け込むが、欲望だけに衝《つ》き動かされて生活していても早く年をとるようだ。

酒も飲まず、タバコも吸わず、女も抱かず、それで百まで生きる馬鹿、という言葉がある。ある女性評論家が、その言葉を引いて、自分がもし男だったら、お酒も飲むし、タバコも吸うし、女も抱いて五十歳で死んだほうがいいと、ある雑誌に書いていたが、どうやらそれはその女史の考えちがいのようである。

禁欲も、支配する側から説かれ、押しつけられたものならば、たしかに馬鹿馬鹿しい思想である。

支配する人間にとって、禁欲の思想ほど都合のいいものはない。被支配者が、禁欲のすすめに唯々諾々《いいだくだく》と従っているかぎり、彼の地位は安泰なのだから。

そうしたことから、禁欲というのはよくないこと、意識の低い人間のやることだというふうに誤解されている。

言うまでもなく、支配者に都合のいい禁欲はやっても意味がないことかもしれないが、それでは自分のための禁欲というものはないものだろうか。

それが、ただたんに欲望を断つというだけの消極的な禁欲ならば、あまり意味のないことかもしれない。しかし、積極的な、たとえば望むものを手に入れるために禁欲をするということがないものだろうか。

自分にとって、本質的なものを手に入れるために、自分にとってほんとうに必要ではない欲望を克服していく、それが積極的な禁欲というものではないだろうか。

酒も飲まず、タバコも吸わず、女も抱かないで、もっと大きな喜びのためにそれらを犠牲にしている人もいる。

大きな喜び、それは与えられるものではなく、自分で求めていくものだ。

選ぶことに価値がある

たとえば、いま私がある原稿を書いているとする。夜の十時である。時間としては遅くないが、まだ夕食をとっていない。しかし、空腹だからといって、食事をしてはいられない。明日は明日の仕事の予定があり、空腹だろうと、深夜までかかろうと、この原稿を書き終えるまでやるだろう。

適当なところで原稿書きをやめて酒を飲み、眠いときに寝てしまうこと、たしかにそれが自由といえば自由といえよう。

しかし僕にとっての自己表現というのは、いまこの原稿を睡魔と闘いながら書きあげるということによってしかないのである。

眠るか原稿を書くか、という二つの道で、僕は原稿を書くほうを選んだ。その選択は僕の人格的自由である。

しかし眠りたいということもまた、僕にとって願望である。つまり、僕にとって自己実現は、ある本能的欲望を否定することによってしかできないのである。

何を犠牲にしたらいいのか

あることを成そうとするとき、複数の欲求の間で選択が行なわれ、ある欲求を犠牲にしてやっと実現する欲求がある。こうして何か別の欲求を犠牲にして、そのうえに実現されたもののこそが価値といえるのではないだろうか。

ヨットのレースや練習を考えてほしい。冬の海のあの冷たさの中で、海の男たちはみずからをきたえていく。冷たい水にぬれたくないという欲求を、もうこんなことはやめて休息したいという欲求を否定して、ヨットマン、海の男として生きようとする。

山の男もまた同じだろう。山に登るということは、その過程でさまざまな欲求の犠牲をともなう。そしてその犠牲があるからこそ、きわめた頂が山男にとっての価値である。そしてこの価値獲得の行為が生き甲斐ある行為になるだろう。

山男にしろ海の男にしろ、価値あることは、たとえば休息の欲求を否定してはじめて得られるのである。

だから、晴れた夏の青い海で、たまたま通りあわせた女の子がヨットに乗せてもらうというのは、女の子にとってはよい思い出になるかもしれないが、たんなる欲求充足は、価値ではない。

それは女の子にとって欲求の充足ではあるけれど、価値の獲得ではない。つまり、女の子にとっての生き甲斐ではないということなのである。

価値の本質は何らかの欲求の犠牲の中にある。

人間が生き甲斐ある生を生きるためには複数の欲求の間に選択が行なわれなければならないはずだ。これこそが人間の逆説的構造なのである。

意味があれば耐えられる

自由についても同じである。自由と制限とはけっして反対概念ではない。原稿書きを強《し》いられているとき、そのとき僕は自由を失ったというべきなのだろうか。そんなことはけっしてない。僕が、自分にとって、より大きな価値を得ようとした以上、それは自由喪失ではないからだ。

いつだったか、仕事と報酬について、ある学者が実験をしたことがあった。その中で対象になったのは子どもで、割合にやさしい仕事をさせてみたのだった。

そのあとで、「もし、仕事のご褒美《ほうび》がすぐにほしければ、これだけをあげよう。でも、一週間たってからでもよければ、その倍をあげよう」と、提案してみたのである。

そして、そのとき、いますぐにもらいたいと言ったのは、あまり仕事をしなかった子どもたちで、一週間後でいいと、二倍のほうを期待したのは、たっぷり仕事をしたグループだった。

ニーチェは、「ほとんどいかなる苦しみにも、それに意味があれば耐えられる」と言った。そして、「よし！　人生が無意義なら私はそれにひとつの意義を与えよう。自分の手で、生き甲斐ある人生を創ろう！　もう一度！　と喜び迎えるような人生を創ろう」とも言っている。

何もしないことが自由なのではないだろう。自由とは、自分にとって価値あることに自分をささげることができるということではないだろうか。禁欲を学ぶこと、それも自由への道であることを知ってほしいのである。

第2章

講義から学ぶ

ヒントについて

ノートをとるな

大学の時間の中で、中心になる時間といえば講義であり、それについて語らずにはすませられない。そこで、大学での講義や講義をどう聴くかについて、僕なりに参考になりそうな話をしてみよう。

いままで講義といえば目の色を変えてノートをとってきた人が多いだろう。

そういう学生にまず、僕が提案したいのは、ノートをとるな、ということだ。写真を撮ると、それでかえって印象が薄れてしまうことがあるだろう。あれである。

ノートをとると、かえって書き写すというきわめて事務的な作業にだけ力が入って、かんじんの講義の目玉がつかめないことは、ほんとうに多い。

僕の経験でも、黒板にびっしり書きながら講義をしていると、学生は書くのに追われて時間が終わったとき、まるで内容が頭に入っていない。

これは教える側の責任もあると思う。しかし、高校でやってきた方式の、要点整理学では、授業の精神はつかめないと思うのだ。

僕が社会学の教壇でソ連の階層のことなどを箇条書きにすると、テストでは、その箇条書きの部分だけが、じつにみごとに、一項目も落ちずに書かれている。しかし、残念ながら、マルクスの理想がいかに歪められていたかについては、黒板に書かぬかぎり、テストで書いてくる学生はいない。

ノートに書けば、感動は薄れるのである。このことは、逆に考えられているのではないか。ノートをとらずに講義を聴けば、箇条書きのような枝葉末節に目を奪われず、一時間の講義の中でのクライマックスが素直に受けとれるはずなのだ。

ただ、いままでノートをとらなかった学生で、いま、何か講義がつまらないという学生は、理屈を言わずにとにかくノートをとってみろ、ということを言いたい。

また、ノートをとることが楽しい学生にノートをとるな、と言っているのではない。大いにノートをとって楽しんでほしい。心から楽しいことはやめる必要などどこにもない。そしてノートをとる側の学生には次のことを提案したい。

レポートの提出があってもなくても、テーマごとに自分でノートをまとめて、レポートにしてみることである。

ひとつの項目が三回の講義で終わったら、その三回分のノートを中心にして、自分の言葉でまとめてみることである。

僕はある学期、学生に四～五回そのようなレポートを提出させた。ところが毎回まったく同じレポートがいくつかあった。二回目のとき、そのことを注意しようかと思ったが、ためしに黙っていたら、毎回同じレポートを出してくるのである。

この学生はきっと僕が読んでいないと思ったのだろう。そしてこの学生はこのようなことをすることで自分と僕とへの信頼をなくしていたにちがいない。

レポートは教師のために提出するのではないということをけっして忘れないでもらいたい。

他流試合のすすめ

学生の目からは、あるいは一律に映るかもしれないが、教師にもいろいろあるものだ。大学院を出たてで、大学の教師になったのがうれしくてしかたがないような、やる気十分の若い教師もいれば、頼まれて来ている大教授もいるのだ。

ところが学生の生活感覚としては、若い教師は力が溢《あふ》れすぎていて、レポート提出やテストの回数も多くなりがちなので、どうしても敬遠してしまう。そして、休講が多く、要求の少ない老教授の講義をとりたがる。

しかし、あちこちの大学をかけもっている先生ともなれば、たまに講義のあとでよい質問があっても、「こんどにしよう」とばかりの態度で去ってしまう。「何か質問は」とたずねること自体、若手は「あります」と言われることを期待し、老教授は「ノー」という反応を期待しているといったら叱《しか》られるだろうか。

このことは、たとえば「教授」の講義のほうがよい講義で「講師」の講義のほうがよくないということでは、けっしてないということなのだ。

講義をとる場合には、先輩のアドバイスや仲間の言葉を参考にすることが多いが、「つまらない」と評判の講義は、じつは、名もない若手教師だからそうなのだと考えていたら、それはまちがっている。

「つまらない」と言われる講義でも、とにかく、のぞいてみることである。

そして大切なのはあらかじめそのテーマについて、自分なりに考えてから聞くことである。そうするとその講義に自分が反応することができる。講義はただ家にノートを持ち帰り、記憶する知識を得るためのものではない。

このごろ学生には気力がないというが、図書館にある、ある特定の分野の本を全部読破した学生もまれには登場しているという。それにくらべれば経済学部でも、法学部でも、文学部でも、芸術学部でも、自分の学部の講座に全部出てみるくらい、楽なものだ。

よく耳にすることだが、会社勤めをするようになった人間が残念がっているのは、大学に戻って聴きたい講義があるという話である。

とくに女子大生などOLになってから、カルチャーセンターにわざわざ金を払って講義を聴きに行く。

「学生のころなら、ちょっとほかの教室に入って講義を聴いてもただだったのに」とくやしがるが、それくらい学校で講義を利用していない。

だいたい大学では、いったん経済学部に入れば経済学部だけ、文学部に入れば文学部だけの講義にしか出ないものだ。

何年も通っているのに、ほかの学部の講義は、合同講義のときくらいしか聴かずに卒業してしまうことはザラにある。

しかし、これはじつにもったいないことだ。教育学部の学生なら通りがけに商学部の教室をのぞいてみたり、工学部の学生が行きあたりばったりに法学部の授業に顔を出してみるといい。

そこでふらりと入った一時間が心にしみるようなものだったら、一年通ってもいいではないか。

ある有名大学の教授が語っていたが、その教授の授業にまる一年通っていて、友人もできたりしているので、すっかり自分のところの学生だと思っていたところ、まったくちがう学校の学生だったことがあるという。

つまらぬ講義はキャンセルせよ

いまだに日本の大学の中ではびこっている大きな偏見は、知的なるものについての誤解だ。新入生に向かって、「さて、君はどうして大学に来たの」とたずねたりしようものなら、そんな個人的な問題をなぜきくのだろうと、学生は、なにか特別に低いあつかいを受けたときのような顔をする。これに対して、第一回目の講義から、マルクスを語るときはドイツ語で、ルソーを考えるときはフランス語で始めたとすると、それだけで、いかにも大学的と思うらしい。

しかし、ちょっと待ってほしい。そういう形で講義され、黒板に書かれたものが、ほんとうに学生個人個人が必要としているものだろうか。

これは知的好奇心と呼ぶものではなくて、知的虚栄心だ。そういう知的虚栄心で勉強しているところがあるから、他人がすばらしいと思っている問題に気をとられて、自分のやってみたい、知ってみたいことが、うやむやになってしまう。

もしかしたら、「自分にとって」ルソーは、どうやら関係のない人物に思えてきたらどうするのか。それでも、その、何の感動もなくなった講義のために、バスに乗り、地下鉄に乗って通わなければならないのか。これで学問が面白いはずがない。自分にとって、いま、何がほしいのか、何を学びたいのか、その欲求と、受けようとしている講義が、どんな接点をもっているのか、それがわからなければ、学ぶ楽しさのない、徒労の時間の繰り返しだと思う。

どの講座をとるか、ということについては、あくまでも「自分にとって」「いま」「何が関心あるか」という点を忘れないでほしい。それを核にしてあっちの講座、こっちの講座と自分の関心の範囲を広げることである。

可能性のアンテナをはれ

人間の平均睡眠時間が八時間というのは、誰でも知っていることだ。われわれは、小さいころから八時間ぐらいがふつうの睡眠時間だと聞かされ、学習してきたが、これがほんとうかどうか、実際に、洞穴の中で実験をした人がいる。

光のとどかない穴の中で、人工照明で好きなときに目をさまし、好きな時間に食事をとり、好きなときに眠るという勝手気ままな生活を一カ月だったか二カ月だったか送ったあとで、生活時間を調べてみると、実際に眠っていたのは、約八時間だったという。

ところで、八時間の睡眠とはいっても、そのとり方はいろいろなものだ。そして、意外に自分自身がつかんでいないのも、この睡眠のパターンなのである。

だいたい、十二時まえの眠り一時間分は、十二時すぎの二時間分にあたるそうだ。勉強の型ひとつとってみても、もし実行してみれば、「私は朝型だ」と思っていた人間がじつは夜型だったり、「夜型にちがいない」と信じていたのに、朝のほうがはるかに能率があがるような場合がある。

学生時代は、時間のゆとりがある時代である。自分にとって、どんな睡眠がいちばんよい体調につながるか、そして、どんな型の学習時間をとるのが効果的かを、ゆっくり研究できる期間なのだ。トライアル・アンド・エラー(試行錯誤)が大切である。

代返について

この本の編集者の話によると早稲田の文学部で同級だった人間で、二人とも、自分でやりたいことをやるという方針で、大学の講義にはあまり出なかった学生がいたという。二人とも小説を書いたり、下宿にこもって歴史の本を乱読したりしていたのである。

そんなある日、一人が学校に行くと、もう一人が、しょんぼりして学部のキャンパスを歩いているのに出くわした。

「どうした」ときくと、「いやあ、今日はまいった」と頭をかいている。

英語の講義に出た彼が、講義の終わりの出欠点呼のときに、A君の代返《だいへん》をして、先生からこっぴどく叱られたらしいのだ。それも頼まれたからではなく、欠席の続くA君のことを心配して、友情から出た行為というのだから気の毒だ。

英語の先生は、当時、NHKラジオの英語ニュースも担当していたイギリス人のデビッド・フレンド氏だったが、声の調子で代返を見破ったフレンド先生は激怒した。

「私の講義に出席しようと欠席しようと、それはかまわない。講義にきちんと出席して勉強することもけっこうだが、講義に出なくとも、自分の課題をもって勉強していればそれでいいし、勉強でなくとも何か自分にプラスになることであれば、それはまたそれでいいことなのだ。講義に出ることよりも大切なことは、世の中にはいくらでもある。しかし、出席してもいないのにそれを偽るとは、恥ずべきことだ。大学で学ぶ者のすることでは断じてない。私が怒っているのは、大学で真理を学ぶ人が、偽りの返辞をしたということだ」。

フレンド先生はケンブリッジ大学出だったが、「私がいたころのイギリスの大学では、出欠のことなど問題でなく、何を学ぶか、そしていかに人間性を陶冶《とうや》するかが重要な問題だった」と言われたらしいのだ。

もちろん、そのころの彼の英語力などたいしたものではないだろうから、叱られた言葉をすべて聞き取ったわけではない。あらましそのような意だと理解したものだった。

そのころから、イギリス病だの大英帝国の落日だのという、イギリス経済の下降をやや冷笑的に表現する言葉が、マスコミでひんぱんに使われるようになっていた。

しかし、フレンド先生の叱責《しっせき》の言葉を聞いたクラスの人間は、イギリス人の土性骨《どしょうぼね》の確かさを知らされたと思った。

いいことはいい、悪いことは悪いと言明し、はっきりと区別する、このイギリス人の確かな感覚があるかぎり、イギリスはちょっとやそっとのことで没落はしない。しぶとく二枚腰で現在の苦境を耐えぬくだろうと思ったというのである。

大学で学ぶとは、まさにそういうことではないだろうか。

自分と学問が出会い、何ものかに変わる、そのきっかけをつくり、変化の手助けをするもの、助長するものとして大学があるのではないだろうか。

テーマはあえて大きなものを選べ

ところで講義といえば論文やレポートがつきものだが、僕は、論文はなるべく大きなテーマに取り組むことをすすめる。それは、自分の能力でできるのはここまでだと、はじめから線を引いてしまうと、小器用にまとまった、面白くも何ともない論文しか書けなくなってしまうからである。

論文には、まとまりということが、たしかに必要である。しかし、それは、論文の中で、いちばん必要なものではない。言うまでもなく、他の人間が誰も指摘しない問題をとりあげて論じること、つまり、独創的であるかどうかが、何より必要である。ところが、はじめから背のびをしないで書いた論文には、自然に限界が出てしまう。

たとえば、他人がA→B→Cという展開で論文を書いたとする。それがどうしても何か欠けていると思えば、自分はC→B→Aという順に、角度を変えられないだろうかと考えてみるということである。

一般的に考えて、A↓B↓Cと流れている川を、C↓B↓Aにするのでは、ほんとうは無理がある。しかし、それを無理だと考えず、なんとか証明してみようと思うのが学問の面白さなのだ。無理をカバーしようとして、新しい材料をさがすところから、新学説や新発見が生まれることがあるのではないだろうか。

そして、こうしてあえて挑戦してみてやっぱりだめだとわかったとき、はじめて一般的な論理の流れというものが、一見なにげなく平凡に思えてもいかに偉大であるかがわかるだろう。

それは教わることではなく、学ぶことでもある。

新聞社の入社試験の試験官は、学生たちの思考がひとつのパターンにはまっていることに驚かされるらしい。記憶一辺倒の学生たちは、ルソーも、カントも、マルクスも、ベルグソンもなかなかよく知っている。しかし、ただ、それだけである。マルクスを読んで、エリートとして出発することもできるだろう。しかし、ただ、それだけの人生でしかない。

小利口にものを見ることに慣れた人間より、僕は、貧困ではあっても、自分にしかできない考え方を切り開く人間のほうが強いと思う。その意味では、独創的な人間は、テストでよい点をとれなくてもいい。ある小学校で、こんな問題が出たことがあるという。

「浮き袋に穴があいているらしく、空気がもれてしまいます。穴はどうすれば見つけられるでしょうか」。

この問題に、たいへん優秀な答えがたくさん出た。「石けん水をぬればいい」、「水を入れたたらいの中に浮き袋をつければいい」など、論理的で、教師の期待した答えである。ところが、たったひとつ、こんな答えがあった。

「よく見ろ」。

もちろん、この答えは×になったという。

それはそれでいい。しかし「よく見ろ」と答えなかった人は、「よく見てわからないときにはどうしますか」という前提をあんがい忘れているのではないだろうか。

あらためてこのように前提を問い直すことも学ぶ姿勢なのである。そしてこの当然の前提に対して疑問を出してみるところに新しい考え方や生き方が生まれてくる。

東京工大の森政弘《もりまさひろ》名誉教授はロボット博士として有名だが、教授があるとき学生に、「地下鉄にはなぜ窓があるのか」と質問したところ、いろいろ回答が出てきた中に、ハッとさせられるものがあったという。それは「地表を走っている電車をそのまま地下に引き込んだからである」というものだったという。

これは、一見、いかにも論理的でないように思えるだろう。しかし、真実をついた答えである。そして、これは、おそらく何百人に一人か、何千人に一人しか出せない見方だと思う。

創造力はどこから生まれるか

ベストセラー『知的生活の方法』の中で渡部昇一《わたなべしょういち》氏は、

「日本人の大学生が、田舎の高校あたりからぽっと出てきて、シェリーの詩を原文で読んでほんとうに面白いなどということはあるわけがないのである。あるとすれば万人に一人の天才であろうが、天才がそんなにころがっているわけはない」

と言っている。

そう言えば、こんな話をある編集者から聞いた。彼は、つぎのような英詩の試験問題をいまでも覚えているというのである。

Which do you like best of the romantic poet and why?

試験のまえにこの問題は示されていて、彼などは知恵を絞って答えを書き及第したが、不思議なことにクラスでも成績のいい女子学生が何人か単位を落としてしまった。

「調べられるだけ調べて、完璧《かんぺき》な答案を書いたのに」と柳眉《りゅうび》を逆立てる彼女らに、先生はこう答えた。

「私が出した問題は、浪漫主義の詩人の中で誰が好きで、その理由は？　と問うたものだ。しかし、あなた方の答えは、詩の解説書の部分部分をあれこれ取ってきてまとめたものにすぎなかった。どの部分は誰の本から取られたものか、それを専門にしている私にはすぐわかる。私が聞きたかったのは、シェリーならシェリーが好きだという、あなたの理由だ。たとえ稚拙な文章でも、自分の考えが書いてあればいいのだ」と。

僕はこの話を聞いて、ある出版社の社長から聞いた話を思い出した。その出版社では、ある年、某有名女子大を一番で卒業した才媛を採用したそうだ。ところが、その才媛、まったく使いものにならなかったという。

創造力というものがまるでないのだ。小さいころから受験勉強だけに追い立てられ、創造力や想像の芽をつみとられ、暗記暗記で進んだあげくが、それである。

本を探すのもレポートのうちだ

毎日新聞の「この人と」という連載対談だったと思うが、以前、しいたけ博士として知られている故・森喜作《もりきさく》氏が登場したことがあった。

森氏は、ベストセラー『しいたけ健康法』の著者であり、しいたけの人工栽培法を開発した人としても知られた人だ。この森氏が、しいたけの研究に取り組むようになった動機がたいへん面白かった。

京大農学部の学生時代、昭和八年のことだが、森氏は農業経済のレポートを書くために山村の副業を調べてみようと、九州の山地を歩きまわったことがあった。

大分から熊本にかけて、山道を歩いていると、クモの巣だらけの空家が何軒も目についたので、近くの人に事情をきいてみた。すると、「しいたけで失敗したんですよ」、「首をくくりましてなあ」、「夜逃げしたんですわい」などという答えが返ってきた。

またあるところでは、しいたけが生えるくぬぎの木の前で、みすぼらしい格好をした農夫が、「なばよ出てくれ！　おまえが出んば、おれが村から出て行かんばならんでな」と坊さんに頼んで一生懸命祈っているしいたけ乞いの光景にまで出くわしたこともあった。

当時のしいたけ栽培は、風にのって飛んできた菌糸が、四、五尺に切りそろえられたくぬぎやならの原木に付着して、はじめてしいたけが発生するという、風まかせ運まかせの原始的な方法で行なわれていたのだった。

この光景に胸を打たれた森氏は、安全で簡単なしいたけ栽培法を開発しようと決意した。そして大学で菌学を学び、研究を重ねた末に菌糸を小さな木片に培養し、それを原木に打ち込むという画期的な栽培法を開発したのだ。森氏は九州の日田《ひた》の山中で見た光景に胸を打たれ、研究を始め、ついには世界的なきのこの権威者になった。

僕が学生に何かレポートのテーマを与えたとする。それは「自動車の社会的費用」でも、「無賃乗車の研究」でもいい。するとほとんどの学生は、こう言ってくる。

「どんな本が参考になりますか」。

そのたびに僕は、説明する。

「本を探すのもレポートのうちだ」。

参考になる本を教えるのはたやすいことだ。そのほうがレポートの狙《ねら》いに合った勉強もできるだろう。だが、ちょっと待ってほしいのである。そうしてできあがったレポートの何が「新しい」のだろう。その中のどこに「自分」の存在があるのだろう。

与えられたテーマを、与えられた本を通して書くだけでは、飛躍はありえない。たとえ多少狙いがずれていても、自分の足で本屋をめぐり歩いて集めた「関係ありそうな本や雑誌」を通して書いたレポートこそ、教える側を感動させるものなのだ。

「あの先生は参考になる本も教えてくれない」などと、文句を言うのは見当ちがいだ。明るい電灯のもとで何かを求めるのではなく、むしろ暗い電灯のもとで、暗闇の中で、それを探さなければ、力はつかない。

卒業論文について

論文の中でも、学生時代に出す最大のものは、卒業論文である。学生にとっては、おそらく、これまでの人生の中でもっとも長い文章をまとめたもの、それが卒論である。

卒業論文の制作には苦労する学生が多いだろうが、歴史に残る卒業論文と言えば、東大の史学科を出たときの故・羽仁五郎《はにごろう》の卒論は『佐藤信淵《のぶひろ》に関する基礎的研究』というもので、内容が面白かったために岩波書店から出版されたほどである。

もっとも卒論を出版するという点では、最近でも例がないわけではない。私大の文学部の卒論に書いた小説がベストセラーになったことさえあったではないか。

僕のところに遊びに来る学生で、なかなか面白い人間がいるが、そのまた友人で、めったに講義に出てこない学生がいた。キャンパスには夕方近く、酒を飲みに行くまえに相棒をさがしに来るくらいだった。

ところが一見怠け学生のようなこの彼の卒論は、江戸期の文学論で、「こりゃあ、君、タイムマシンに乗って江戸時代に行っても困らんだろうね」と言われるくらいのよい出来だった。

「君は、出席率は極端に悪いのに、よくこれだけ書けたね」と驚いた教授が、いろいろたずねると、彼は、「あちこち歩きましたから」と答えたのである。

彼の日課は毎日欠かさない散歩だった。東京都の区分地図をもって、「俺《おれ》は田舎者だから、足で東京を知ろうと思う」と、いつも下駄をはいて街を歩きまわっていた。

そこで半年も経つと、クラスの東京出身の誰よりも、東京の地理、とくに下町の地理に詳しくなった。

いつも文庫の「江戸名所図会」をポケットに入れていたそうで、入谷《いりや》の朝顔市、浅草のほおずき市、日本橋のべったら市、吉原竜泉寺の酉《とり》の市など、江戸情緒を残した縁日にはかならず行っていたという。

そんな彼が江戸文学にとりつかれたのは、必然のコースだったろう。

田舎者であることを衒《てら》い、帰省した折りの土産話に東京の街を見て歩くと言っていた彼が、野暮をもっとも嫌う江戸文学の虜《とりこ》になったのだから面白い。

江戸時代に関する本を驚くほど読み、古地図を集め、その知識は江戸時代の政治、経済、文学、風俗から武道や刀剣、はては農作物のことにまで及んでいるそうだ。

勉強をするというのは、こういうことではないだろうか。勉強するから面白くなり、また面白いから勉強するのだ。勉強すること自体が目的にならなければ、中身のある勉強ができるわけがない。

教師はどんな卒論に会えるか楽しみにしているものだ。人の著書の引き写しや、切り貼《ば》りではなく、論点がずれていても、堂々と自分の論理を書くこと、そしてその論文に熱意がこもっていること、これが第一なのである。

テーマはどこにひそんでいるか

故郷に帰って地元のマスコミに勤めているが、大学では社会学を専攻した女性がいる。彼女には、子どものころから収集癖があった。家に来た手紙に貼られた切手を、父親が封を切るまえに湯気を当ててはがしては、宛名の字がにじんでよく叱《しか》られていたそうだ。しかしその収集癖は大学生になってますますつのり、こんどは、行く先々の喫茶店でマッチをもらい、それを集めるようになった。

そんな彼女を見て、友人たちも面白がって協力してくれた。こうして、一年間で彼女の手もとには千個以上ものマッチがたまってしまった。

それを地域ごとに分け、図柄や店名を何気なく眺めているうちに、ふと面白いことに気づいたのである。

高校の近くやビジネス街の喫茶店は英語名のついた店が多く、大学の周辺や住宅街にある喫茶店にはフランス語の名前が多いということだ。

どうしてだろうか、と彼女は考えた。

ビジネス街に英語名の喫茶店が多く、住宅街にフランス語の名前をもつ喫茶店が多いのは、英語は機能的に、フランス語は洒落《しゃれ》た感じを強く出そうという意図があるからだろう。ネーミングの理由をちょっと考えてみるだけでそういう興味が湧《わ》いてくる。

喫茶店のマッチ集めから、彼女は人間と社会のかかわり方に関心をもつようになった。そして社会学科に進み、新聞記者を志望することになったのである。

なにげないことから、自分の将来の進路を見いだした彼女の話を聞いて、僕は大学で勉強すべきテーマの見つけ方のヒントを得たと思った。

四年を通じてやれるものとは

大学ということで考えてみれば、四年間というのは、長いようでもあるし、なんと短いものかと思うこともある。その四年間の学生時代の過ごし方、使い方について、僕は、ずいぶん見たり聞いたりしてきた。

そんな経験から、学生諸君によくすすめているのは、あっちこっちいろんなことをやったあげく、学園の時代を通じて、何かひとつ、「やることが苦にならずずっとやり続けるもの」をもてということである。人によっては、それはアナウンス研究会であってもいいし、水泳部であってもいい。あるいは学生新聞の発行であってもいいと思う。

ある女子学生は街で美術展や講演会のポスターを見ると、いつも出かけることにしていた。しかも、映画に行っても、ただ観るだけではなく、あとでその映画の批評と今後の上映企画に対する希望などを書いた葉書を送るのである。こうすると、映画館から、招待券などをもらえることがあるから、あまり金を使わずに、出かけられる。寄席とか芝居も、この手で招待券や割引券をもらい、ひんぱんに出かけていた。

こうして四年の間にたくわえられた厖大《ぼうだい》な量の知識を生かして、彼女は卒業後に勤めた新聞社で大活躍をしている。

何かを四年間通じてやるという意味では、先にあげた歴史家の羽仁五郎氏のような着眼も考えられる。羽仁氏は、毎日、赤と青の鉛筆を片手に新聞を読み、新聞の記事の中で前進をあらわすと思われるものには赤線、後退をあらわすと考えられる記事には青線を引いたという。それは、社会の動きを見通す力をつけようとする練習であり、生涯続けていたという。

ある程度の基礎があるから、何事にも取っつきやすく、深く勉強することが可能なのだ。

青年期には、自分の特性や、自分にどんな能力があるのかがなかなかわからず悩むものだが、自分はこれだけはぜったいに自信があって、好きだと言える世界をひとつ築くこと、そうすれば自信がつくし、それができれば、そのうちに社会に出ても自分に適した「何か」がきっと見つかることだろう。

ヒントとは何か

京都大学で哲学を教えていた故・西田幾多郎《にしだきたろう》先生の講義の話を読んだが、これはなかなか興味深かった。

これは故・永井道雄《ながいみちお》氏の文章である。

「西田先生は、語学の達人ではなかった。しかし、英語、ドイツ語などの哲学書を、みごとに読みこなされた。ある演習のとき、たぶん、カントの著書について、西田先生が、おもしろいことを言われたという。あるページに書かれている、カントの思想の意味は、これこれしかじかのものである。したがって、このページのどこかに、打消しのnicht《ニヒト》ということばが、なければならない。しかし、カントの文章は非常に長い。いまどのnicht《ニヒト》がそれに当たるのかわからないが、家に帰って読めば、〝打消し〟のことばが、どこかに必ずあるはずだ――西田先生は、こう言われた。それは、事実ではなく、西田先生についての神話であったのかもしれない。しかし、この話を聞いて、私自身は力づけられた。立派な著者が書いた外国語の本を読むには、会話ができるだけでは助けにはならない。自分自身、論理的に考える力を蓄えなければならない。

外国語に限らず、自国語の難解な本を読む場合にも、じゅうぶんに読みこなせないのは、日本語がわからないからではない。むしろ自分自身の、明確な論理的な思考力、専門的な知識の不足のせいであることが、少なくない。外国語の勉強に先立って、まず必要なのは、日本語で書かれた立派な本をじゅうぶんに読みこなすこと、また自分自身、できるだけよい文章を書くことだと思う。それができれば、子どものときではなくても、おとなになってからも、じゅうぶんに外国語の本を、理解することができるはずだ。語学については素人であるが、私は、長くこのように感じてきた」（〝英語学習の工夫〟――人生読本『外国語』河出書房新社）。

名前は忘れたが、漢字の語源を考証した本を出した現役の政治家がいる。そもそも漢字の語源に彼が興味をもったのは、小学生時代、受け持ちの先生が、漢字の成り立ちを説明してくれてからだった。その中のひとつを紹介してみると、日が西に落ちて暗くなると旅人は宿にとまる、それなのにさんずいに白い（泊）と書く。ところが、水で布を白くすることをさらすというのに、漢字では日に西（晒）と書く。泊と晒とでは、意味と漢字の形成のされ方がおかしい。どこかで、すりかわったのではないだろうかというのである。

これを聞いた彼はひどく感心し、漢字の成立過程に興味をもつようになったという。

似たような話だが、僕の友人の友人で、現在漢文学に取り組んでいる学究がいる。彼は大学時代、国文科の学生だったが、弓道部に籍を置き、弓を引くことのほうに熱心だった。

ある日、彼は部の先輩と飲みに行った。雑談の中で、先輩は彼に弓を引く心を教えてくれた。先輩が言うには、どんなことにでも極端な心を抱いていると、かならず矢が的を外れるから、弓を引く者は常に中道を行かねばならない。

矢が的を射抜く形、それを文字にしたものが中という字だ。だから、中はアタルとも読む。

その先輩は、なかなか学のある人で、孟子《もうし》や中庸《ちゅうよう》を引いて、中の字の解釈を試み、弓道との関連を説いてみせたそうだ。

先輩の言ったことには、あまり学問的な裏づけはなかったようだが、それ以後彼は漢字の成り立ちと漢文の調子にすっかり心惹《ひ》かれ、学部を卒業してからは大学院に進み、いまでは少壮の漢学者として、毎日研究に余念がない。

ここに述べた二人を見ていて、まったく素直な人間だと僕は思った。与えられたものを、ただ覚え込もうとする学生が多すぎる中で、何か疑問をもち、面白いと感じると、すぐに自分で調べてみようとすることは、大切なことだ。

疑問をもてば自分なりに調べ、納得いくまで取り組みたいものだ。それが、大学でのほんとうの勉強だと思う。

読書について

まず三ページ読め

大学で、たまたま読書相談に来た学生が、僕に、「高校時代には、読みたい本がなかったから、世界史の教科書を読んでいましたが、それがふつうだったので、大切な本を読み忘れてきたとは思いませんでした」と言った。

僕は、この学生が、自分と出会う本を持たなかったことを悲しんだ。そして、ひとつのまちがい、それも、かなり多くの学生が、そこでつまずいているまちがいがあることを知った。

こういう場合、「読みたい本」というのは、「面白そうな本」という意味なのだろう。少なくとも、それが面白いだろうという期待をいだかせてくれる本の意味だろう。

しかし、ちょっと待ってほしい。そんなに都合よく、面白い本があるだろうか。だいいち、「面白そうだから読む」のか、それとも「読んだから面白かった」のか、どちらがはじめなのだろうか。

「対本関係」の確立されていない時期には、やたらな期待なしに読み、つまらないといってはやめ、また次の本を読んで、つまらないといってはやめる。その繰り返しで、面白い本かどうかを決めていくべきなのだ。

だから、本を手にしたら、僕は、三ページだけ読んでみろと言っている。そして、そのとき読むに足ると思ったら、読み終わるまで進むのである。しかし、三ページで面白くなければ、それを閉じて、机に積んでおくことだ。

だいたい、面白くない本を読むのは、眠りたいときだけでいいのだ。とくに、あっちこっちに抽象的な単語が書きつらねてあるような本はである。ハーヴァード大学で日本文学を教えている、故・板坂元《いたさかげん》氏は「具体的」、「実感的」というように「的」とか「内在性」、「反射性」といった「性」とかがやたらに出てくる本は読むなと言っておられるが、抽象的な言葉を使ってあるだけで高度な内容をもっていると思ったら、とんでもない思いちがいというべきだ。

空腹でない人間のまえに美味《うま》そうな皿をならべてみたところで、飛びつきはしない。読書というのはそういうものである。

人間には、ある時期ある時期に、学ぶものがあると思う。それ以前に教えても、それ以後に教えてもむだなことが。

しかし、僕は、たとえそのとき三ページ読んで面白くないと感じた本でも、手もとに置いておくようにすすめる。その本が、必要な時期が、いつかくるかもしれないからである。

積《つ》ん読《どく》を軽蔑《けいべつ》するな

積ん読とか立て読とかは、読書家になろうとしてなれない人を軽蔑していう言葉だが、むしろ、二年も三年もそのタイトルを眺め暮らして、ふと読みたくなったときに手を伸ばして手にとるのは、読書の真髄ともいえる。

三年も起居をともにしていれば、背表紙からだけで、中に何が書いてあるか、およそ考えられるようになるのが不思議なところである。そして、予想されているようなことが、パラパラとめくったページに見られたとき、それは、自分の感情に自然にとけ込んでくる本になったということである。

豊かでもないのに、そして、それがすぐに役に立つわけでもないのに本を買う。これこそ、もっとも役に立つ本の買い方なのである。週刊誌などとちがって、手軽に読めるものではないから、買ってもすぐに読むとはかぎらない。

しかし、それがたとえ親からの小遣いだろうと、汗して得たアルバイト料だろうと、奨学金だろうと、金を手にしたとき、まず一冊の本を買いに走ることを馬鹿にしてはいけない。たった何ページしか読むところのない本のために、八百円も九百円もの金は出せないと考えるかもしれない。しかし、本とは、はじめから終わりまで、学ぶべきこと、貴重なことが書かれていて、「ああ、得をした」と思えることなど、めったにないのである。

ふと開いたページの片隅にある言葉、ただその言葉一句のために、「そうだった」とうなずかされること、それが、読書の本質なのではなかろうか。

面白いところでページを閉じる

本を読みはじめると、そうだ、そのとおりだと思われる箇所が出てくるだろう。そして、その興奮がたてつづけにあらわれて、「じつに面白いぞ」という体の底からの共鳴状態がひきおこされてくる。

この状態が起こりはじめたとき、僕は、そっとページを閉じることがときどきある。つまり、あまり自分と似ているとき、自分の偏見を確信してしまう危険があるからである。

もうひとつはあまりの感動に、次のページをめくれなくなるというときである。

かつて僕がロマン・ロランを読みふけっていたころは、もったいなくて、次のページがなかなか読めなかったものだが、一言一句が心にしみるような箇所にきたら、ときに本を閉じて、心の興奮をかみしめること、それが読む楽しみであり、学ぶ楽しみの精神になると思う。

僕は、学生時代、一度読んで感激したところに赤線を引き、そしてまた読み直した。同じところを何度も何度も読み直し、日記をつければニーチェの言葉を書き、手紙を出せばニーチェを語り、友と会えばニーチェについて議論した。

ひとり散歩に出るときも、本をもって出た。僕の家から石神井《しゃくじい》公園まで、自転車で行ったり、バスに乗ったり、いずれにしても、ニーチェをもって出かけたものだ。ベンチに座って池を眺めているときも、ひざの上にニーチェがないと不安だった。本がなければ、生きていけなかった。そんな時代だったのである。

ロマン・ロランを読んだころも、まさにそんな時代だった。彼の『ベートーベンの生涯』を読めば、ベートーベンの写真を部屋に貼り、書棚には、ロマン・ロランをならべてみた。子どもが、おいしいお菓子を惜しそうに食べるように、ロマン・ロランを読み進んだものだった。

かつての高校では、『善の研究』『三太郎の日記』『愛と認識との出発』という三種の神器的な愛読書があったが、そのころの僕の人生には、ロマン・ロランを読むという以外には何もなかった。小説から戯曲、さらに日記へと、ロマン・ロランについて手に入るものは、いっさい読みあさってみた。十代の時代の、自分の命のように、抱きしめたものだった。

本をどう読むか、というのは、腹のすいていない人間に、どうしたらうまく食べられるかを教えるようなものである。空腹にまさる料理人はいないと言うように、読書は強制できないものである。

文学に興味のない者に文学をつきつけても、将棋に興味のない者に駒をもたせても、それは、アレルギーをつのらせるだけだ。

僕は、人間の読書遍歴というやつは、それぞれがみんな、特殊なかたちをとっていると思う。小学校から中学校へ、中学校から高校へというようなコースは、ないのである。

一人の著者にのめり込む

もし、好きな著者ができたら、大学、短大の時代を通じて、一人の作家、著者の本を読むことは、大きな財産になるにちがいない。

たとえば、故・亀井勝一郎《かめいかついちろう》氏は、

「私は高校や大学へ入学する学生、あるいは社会へ出て働く青年、そういう人に向かっていつも『読書三計画』をすすめてきた。さまざまな本を乱読してもいいが、これぞと思った一人の著作者——古今東西をとわず——その人の全集を三年がかりで読み通す計画である。三年かかって、たとえば、トルストイを読み終ったとしたならば、それだけでたいへんなことだ。知的に持続するエネルギーがここではじめて養われる。働く人には困難だが、一冊の本でもいい、なるべくどえらいヤツを選んで、毎日一ページずつ、考えながら読むこと。平凡なことかもしれないが、こうした習慣を青年時代に身につけておくことはぜったいに必要だと思う。青春は夢なのではない。現実的な、一刻も争えない人間土台構築の時期なのだ」

と提案している。

僕は、ある時期、ロマン・ロランに傾倒し、肌身離さず持ち歩いて、気がおかしくなったように愛して読みふけった。とくに『ベートーベンの生涯』に感激したが、当時は、一年分の小遣いをはたいて買っても、けっして高いとは感じなかった。

あのころだったら、もし一冊が一万円という定価だったとしても、僕は、ためらわずに買ったにちがいない。

のめり込まなければ恋愛の意味はないというが、読書も、ある時期、ある著者にのめり込む必要はあるのではないか。

そして、もし一人の著者に興味を覚えたなら、ときには、その人間の日記までもむさぼり読むことをすすめる。そうすることは、また別の人間の人生をも、自分が経験することなのだ。

繰り返し読む本

女子学生はまず、やらないだろうが、学生はよく本を売る。その中でも、「概論」の類《たぐい》は学校の近くの古本屋でいい値で引きとってくれるから、その金で一食や二食は食いつないでいる学生がいるはずである。

とは言っても、人には、どうしても手ばなせない本というのがあるものだ。高い金を出して買ったから、もったいなくて売れないというようなものではなくて、それを手ばなすことが、自分の人生にとって大きな事件であるような本が。

「生涯に、繰り返し繰り返し読める本が一冊でもあれば、幸せな人だ。もし、その本が何冊もあるとすれば、至福の人だ」という言葉があったと思うが、繰り返し読む本があるというのは、なんと幸せなことだろう。

かなりまえのことだったが、ある編集者が僕のところにやってきて、鶴見俊輔《つるみしゅんすけ》氏が大学を去ったころの話をしてくれた。その編集者が、「先生、大学を去るのに、いちばんつらかったことは何ですか」と質問したところ、彼は、「研究室の窓からの眺めがこの日かぎりで見られなくなることだね」と語ったそうだ。

僕は、学園の中の風景を愛することも、大学時代に学ぶべき重要なことだと、そのとき思った。その風景が、新しく建った学生会館のホールであってもいいし、紫陽花《あじさい》の続く坂道であってもいい。自分の心の中に焼きついてはなれない風景をひとつ、卒業するまでにもってほしいと思う。

学園を去って、何年経とうが、ふと目を閉じるときっと浮かぶ風景のある人と同じように、繰り返し読む一冊の本をもつ人は、じつに幸せな人だと思うのである。

本に親しみはじめると、ある時期、やたらに読みたいときが続く。

悪書を読むなという人がいるが、何が悪書かは、良書を読んではじめてわかるものだ。反対に、何が良書かも、悪書を読んでこそわかるものだ。だとしたら、くだらない本も読まなければ、よい本を見分ける力はついてこない。

外国人は、日本的なガリ勉タイプこそ少ないが、卒業してからも、本を読み続ける。生涯教育などと言わなくても、ちゃんとそれをやっているのである。

しかし、日本人は、大学の四年間ぐらいが、生涯でいちばん本を読む時期、読める時期ではないだろうか。

僕も、この時期に読まなければ、青春の日が泣くと思う。本とともに起き、本とともに寝るような生活を、たとえ一カ月でもしてもらいたい。そう思うのは、僕もまた、青春の日にもどらせてもらえるなら、きっとそうするからである。

若いころ、ずいぶん図書館を利用したものだが、図書館に関しては、たぶん誰よりも利用したと思われる人物がある。

「志願して図書館の住込み宿直員になった。図書館のまだ空いているところに私の本を置いてもらい、同じ建物の中の夜警宿直者用の小部屋に住まわせてもらうことになったのである。ふつうの日は図書館は七時ころまでには閉まる。私は窓が全部閉まっているかどうか、三階建ての建物を見廻る。そして鍵をおろす。するとこの建物は私の城となった。正確に言えば、この建物にはもうひとつ宿直室があり、若い哲学の研究者が住んでいたから、私たち二人の城となったというべきであろう。彼も読書家で議論好きで、しかも音楽に詳しかった。われわれは安物のステレオを廊下に出して、ベートーベンをかけたりした。三階までふき抜けになっている図書館の階段下のホールで、それは壮大な音楽となった。また、考えごとをするときは、真夜中の図書館を一人こつこつと歩くのである。なんという贅沢であったろう。こうして私はプラトン全集を読み、アリストテレスの相当の部分を読んだ」。

これは上智大学の名誉教授、渡部昇一氏が『知的生活の方法』の中で書いた文である。

本を読みたくなったら、たとえ金がなくても、その意欲を妨げるものは、たぶん、どこにもないはずである。

方法はいくらでもある。ただ本を求める心、それだけで十分なのである。

誰でも経験があるだろうが、本屋に行って、読みたい本を見つけたとき、金のないことほどつらいことはない。

以前聞いた話だが、ある貧乏学生が、古本屋の、かなり珍しい作家の本を、毎日通っては、数ページずつ読み進んでいた。ところがある日、学生が例のようにご出勤あそばして書棚をのぞいたところ、その本がなくなっていたのである。

とても自分の資力で求められるものではないが、残念すぎるので、古本屋の親父にたずねてみると、なんと、それを買って行ったのは、その学生が所属している学部の教授だったのである。せっかく読み進んだ惜しさと、つきあげるような欲求から、あれこれ思い悩んだあげく、彼は、その本を買った教授を訪ねた。そして、教授は、彼の熱意に強く打たれて、彼にその本の閲覧を許可したのである。

　こうした話は、じつに胸を打つ話だが、しかし、けっして珍しい話ではない。求める心があるかぎり、道は開けるのである。僕のまわりには、本屋があればかならずのぞき、本棚から一、二冊引き出して立ち読みするのが癖になっているような学生が何人もいた。

　ある学生は、学生時代、毎日一冊ずつ新書判の本を買って読んだそうだ。文学部の学生は、とかく政治や経済にうとくなりがちなので、とくにその分野のものを選んで読みまくったのだという。

　と言っても、新刊を買ったのでは、学生の身分で続くはずがない。この人は、古本屋の店頭に山積みされている中から選んで安く買い、とくに体系づけずに、あれこれ読みまくったのである。

　一日一冊のノルマは、たしかにきついかもしれない。しかし、内容すべて理解する必要はない。何冊か読むうちに、まえに読んだ本で理解できなかったページが理解できたりしていくものなのだ。そうしているうちに、きっと自分がいちばん関心のもてるテーマが見つかる。

　そのテーマを追求するうちに、それがいかに他の分野と深くかかわっているかが理解できるだろう。ひとつのテーマはすべてにかかわっているのだから。

第3章

進路を学ぶ

自分に忠実なら成功できる

なぜ他人の失敗を喜ぶのだ

僕は大学を卒業してすぐにサラリーマンにならなかったので、人に会うとよく「どうしているんだ」と聞かれたものだった。もっとも、僕のことをよく知っている親しい友人がこんなことを聞くわけがなく、聞く人間は、まず顔見知り程度の知人だった。

ところで、そのとき、僕が「べつにどうもしていない」と答えるとする。

すると彼らは、だいたい決まって、「そんな状態じゃ、結婚もできないだろう」、「あちこちの講師をしていると聞いたが、講師なんかでみっともなくないか」、「キチンとした職業につけないの」、「将来困るだろうな」と、そのあたりから、得々として説教を始める。そんなとき、彼らは僕が人生がうまくいっていないということをひとつひとつ確かめるごとに、目に見えて元気になっていった。自分の道は陽のあたる道で、僕よりもうまくいっているのだということを知れば知るほど、彼らの目が光ってくるのが、僕の目にもはっきりと映ったのである。

僕は面白くなって、あることないこと誇張しながら、まさに僕の人生が逆境にある様子を示して相手の反応を見た。優越感でいっぱいになった彼は、いかにも友人思いの人格者であるかのように、同情を示したものだった。

そこに、たまたま彼の上役らしい人間が入ってきて、僕のほうを見ながら彼に、「友達か？」と聞いた。

すると、彼は、「え、ちょっとご紹介できるような人間ではないんです」と言ったのである。

そして、これには、後日談《ごじつだん》がある。

と言うのも、同じようなケースをあちこちで経験するうちに、こんどはこれと逆のことをやってみたくなってしまったのだった。

つまり、とにかく僕の人生がたいへん順調にいっているように言ってみるのである。僕はそれを楽しみにした。

「いやあ、出版社から原稿の催促がうるさくてねえ。ラジオも、時間がなかなかとれないありさまなんだ」。

こんなふうに喫茶店で話したりすると、相手は、それ以上はもう聞こうとしないで黙ってしまう。逆境にあるのだろうという期待をみごとに裏切られて、ひどくがっかりした様子を示すのである。

ところが、そんなときに、その喫茶店に会社の女の子でも来ようものなら、相手は、「この人ね、大学で社会学を教えながらベストセラーをずいぶん書いているんだが、僕の大学時代の友人だよ」と、得々と紹介を始めるのである。

こうした経験から、僕はひとつのことを学んだ。もし、相手が言いたくないことをしつこく聞くような人がいたら、それは満たされていない人間だと思ってまちがいないということを。

彼は、相手が自分より劣っていること、低いことを見つめることで、自分の中の不安をまぎらわそうとしているのである。

遅れを気にするな

自分の生活に充実を感じ、生き甲斐《がい》を覚えている人間は、相手がどういう人間だろうと、自分の気持ちを左右されないはずだ。他人が自分より優れているのを知って頬がひきつったり、他人が自分より劣っていることを知ってホッと胸をなでおろすのは、自分の内に何もないことを何より示しているのではないか。

必要以上に財産をみせびらかしたり、地位を誇示したりする人間は、何かしっかりしたものを確信し、自分がかなりの人間であることの証拠を見つけたいのではなかろうか。自分の心の中に充実感を覚えていないから、何か自分がすばらしい人間であることの証明を、はっきりと具体的に示してくれるものに求めてしまうのだろう。

彼は自分を財産によって確信しようとしている。彼は自分がすばらしい人間であることを、地位によって確信しようとしている。自分が優れた人間だと、他人の弱点を見ることで信じようとしている。しかし、そういう人は心の底で自分の価値を感じることができないでいるのである。

彼は自分の存在価値を確信したいのだろう。それでいて、確信できずに不安におびえる。けれども、必要以上の財産や地位とかが、たいしたことではないのを、じつは本人は心の底で知っているのである。結局そんなものが、自分の不安を鎮めてはくれないことをよく知っているのは自分自身なのだ。

どこの会社だったか、役職についている人間が多すぎたので、何人かの課長から課長の肩書をはずそうとしたところ、ノイローゼになる人間が出たり、「給料は下げても、肩書は、何とかはずさないでください」と奥さんが駆け込んで来たというのを聞いた。

このくらいの人間では、その場その場の体裁で生きても、いつか会社をやめてしまえば無力な一個人にしかすぎなくなってしまう。世間に合わせること、世間の評価で自分の進路をいつも規制して生きていると、いつか、その虚《むな》しい日がやってくるにちがいない。

しかし、自分の人生に目的をもち、それに従って生活し続けてきた人間は、いずれ、自分自身で納得できる生き甲斐をもてるようになる。たとえそれが、やり直しによって得られたものであってもできる。

高校を卒業して新聞社に五年勤めた僕の教え子がいる。けれども、その五年間で自分が承知できる生き甲斐をつかめなかったのだろう。彼は、こんどは貯金をはたいて、小さいころから好きだった音楽への道を歩もうと決めたのである。五年の遅れは、じつにいやなものだ。だが、その遅れをものともせず、音楽大学に入ったのだった。

とくに生活が豊かだったわけではない。何とかアルバイトで学費をかせいで卒業した彼は、こんどはリサイタルを開こうと、燃える毎日を送っている。つらくても、たんなる遊びの金欲しさでないからこそ、希望が、彼の日々を支えるのである。

出直しをためらうな

僕の知り合いの学生で、親のすすめで入った法学部を卒業してから、やはり自分にはこれしかないと、他の大学の文学部に一年生として入学して、人より大学四年分よけいに遅れて、それでも毎日を充実させている人間もいる。

ところが自分の人生に目的をつくれず、その場その場で体裁をつくろった人間は、毎日を楽しく送るなどとてもできない相談になるだろう。彼はいつも仮の人生を送っているのである。

音楽大学で、進路に対する偏見からノイローゼになった学生もいた。彼女は、声楽家として最高の仕事はステージに立つことで、教師になるのは二流だと思い込んでいた。

しかし、誰が見ても彼女は、能力的にはそれには向いていなかった。おそらく、能力と希望とのギャップに苦しんだのだろう。彼女はとうとうノイローゼになってしまい、その苦境を経たのちに、やがて中学校の教師として活躍するようになった。

この話でも気づくように、生き甲斐のある進路につけるかどうかで問題になるのは、周囲の反対ではない。それはほかでもない、自分自身の中からの反対である。

人間は、自分自身の中にまったく別の声があると、自分自身がほんとうに向いている性格を、自分自身で見そこなってしまうのではないか。「自分はそんなことに向く男ではない」あるいは「そんなことをする女ではない」と思っていると。

大学生に言わせると、「まるで評価できない」という深夜放送のディスク・ジョッキーがいる。ところが、「軽薄きわまりない。まるで騒音だ」と言われているその彼は、自分の職業に生き甲斐をもっている。

彼は、大学生から、「中身のない人間だ」とあざ笑われているのを、自分でもよく知っている。それなのに、彼はなぜ平気なのだろうか。

それはおそらく、その職業、つまり、ディスク・ジョッキーが真実彼に向いているからであり、彼もまたそれが真実好きだからである。ほんとうに好きなことをやっているからこそ、他人の軽蔑《けいべつ》の目が気にならないのではないか、と僕は思う。

人間は自分の生活をいいかげんにやっているかぎり、他人からどう見られているかが気になるものだろう。

つまり、自分に対する周囲の評価が気になるうちは、その人間がほんとうに誇るものにめぐり合っていないといえよう。自分のテーマに深い関心のない人間ほど、他人への関心を示すものではないか。いやいや受験勉強をしている受験生は、他人が何時間勉強しているかを気にかける。好きで論文を書いているのでない人は、他人がどの程度研究が進んでいるかを気にかける。

進路について大切なことは、卒業していくとき、最終的に自分を選択できるようになっている、ということである。

この大学を卒業して「俺は○○の人間になるのだ」と思い切りよく、新しい自分に賭《か》けていかれるように成長していることである。

卒業に際してもなお自己限定のできない人が多い。大学を卒業するときこそ青年期に決着をつけて卒業していってほしい。そのように最終的な自己選択を回避してまだほかのほんとうの自分がどこかにあるような気がしていたり、世の中にお客様的な気分でいたりしていてはいけない。

「これからはお客様ではない、当事者だ」と自然に思えるようになって卒業していくことである。

その思い切りの悪い大学生は、やがてどうしようもない無気力におそわれ、ノイローゼになっていく可能性が強い。いままでの居心地のよい時期に訣別していくことである。

いままでの居心地はよいが、居甲斐《いがい》のなかった世界から、心理的な緊張の世界へ。

青年期のしめくくりとして選択した自分にも当然まちがいはある。しかしそのとき、自分自身が選択した自分であるかぎり、後悔は少ない。

ところが、他人の目を意識して選択したものであるならば、後悔はどこまでもつきまとうだろう。それは自分を粗末に扱ったことなのだから。

みずから最終的なものとして選択した結果にあやまりがあったら、選択をしなおせばいいのである。そのときははっきりと自分の失敗を認めて選択し直す、ということである。

事実として最終的な選択にならなくても、一回一回の選択は最終的なものとして自己の選択という決意がほしい。そのための四年間であるのだ。

選択の結果がどのように出ても、他人の目は責任をとってくれないことだけは心に銘記すべきだろう。

大学四年間はそのための精神的、技術的な訓練期間である。

バーナード・ショウは二十歳のとき故郷のアイルランドの町を出た。それから五年間、いままでの家族、友人から身をかくして、一日五ページの文章をかならず書いたという。他人から課せられたのではない。自分で自分に課したのである。そしてこの五年間の書くことの自己訓練がのちのバーナード・ショウをつくった。

大学卒業に際して、自分だけの道をはっきりと選択するためには、大学時代に自分で自分に何かを課すことが必要だと思う。小学校から中学校へ、そして高校へと他人から課せられてきたことを、こんどは自分の手で課してやってみることである。

そうしてはじめて、後悔のない最終的な自己の選択ができるだけの力をそなえた人間になれるのである。

マイナスの選択をするな

アメリカでは、いったん職場を離れると、上役との関係は上下関係ではなく、お互いに平等な一人の市民になる。

だから職場を離れるとお互いにファースト・ネームで呼び合うが、僕のいたハーヴァード大学などは、オフィスにおいてさえ秘書は教授を平気でファースト・ネームで呼んでいた。

しかし、日本の企業社会では、職場ばかりではなく広場でも、会社の肩書はついてまわる。お互いに見知らぬ人間同士でも、会えばすぐに名刺を交換する。この社会では身分証明書は自動車の運転免許ではなく、会社の発行したものでなければならないのである。

広場でも職場の肩書は重視される。近所の付き合いも親戚付き合いも、あげくのはては趣味の会にいたるまでそうである。

大学のクラス会までが成功者の集まりになるくらいなのだから、差別される側にまわれば、たえず劣等感をもって生きなければならないことになる。能力主義によって、いびつにされた人生が、そこにある。

だから、たとえ自分に向いていないことでも、それが高い評価を受けているものであるかぎり、歯を食いしばって頑張ることになる。その能力が、そのまま自分の人間としての評価になってしまうからである。

このとき、この人の選択とは、どちらがより不愉快でないか、という選択なのである。自分に向いていないことを毎日やるしんどさと、それをしないことによって受ける軽蔑や劣等感、そのどちらを選択するかということである。これはどう考えてもマイナスの選択である。

しかも、受験戦争とか数学征服というように、自分の挑戦しているものが、とほうもない大難事で、それがまるで人生の最大難関のような思いちがいが、まわりにも自分にもある。

その難関に挑《いど》むのだから、どちらがより楽しいとか、という選択ではなく、どちらがより愉快でないか、という選択である。これをどうして意欲と呼べるだろう。

すべての職業に向いているほど器用にはできていないのが人間である。もしその仕事に向いていれば、仕事をやりとげたときは達成感を味わい、くみかわす酒もうまいにちがいない。そして次の仕事にさらに意欲をもつにちがいないのである。

しかし自分に向いていない仕事とは、ひとつをやり終えれば重荷を降ろした気持ちだけで、また同時に、そのときはすでに次の仕事に対する不安が心にしのび込んでいる。

たとえば著述業という仕事の中でもそれはある。自分が書きたくてならないテーマを書いているときは、徹夜をして猛烈に書きまくっていても楽しい。テーマを調べるために本を読んでいても時間を忘れることがある。こんなときの筆は、じつに楽々とはこぶ。しかし、いったん自分の書きにくいテーマだったりしたら、これは来る日も来る日も不愉快そのものである。そして、残念ながらどんなに努力しても、あまり質のよい原稿はできないものである。

人間は好きなことをやって生きるべきであるという信念は、出世欲に負けてしまうときがある。

大学時代に、自分は何をやりたいのか、ということを、具体的にしておくことである。そうでないならば、卒業してからも彼にとって一日として気持ちが晴れる日はないだろう。

休日でも明日の仕事を思うとウンザリするし、それをうまくやりとげる自信がないから、何もしないでいても不安でしかたなく、気が休まるどころか、気分はますます重くなる。

大学時代に自分の欲望の具体化、明確化ができないで就職すると、その後何十年間にわたって仕事の休日は受験の前日のような気持ちなのではなかろうか。休日は彼にとってけっして心身の休みにはなっていない。

欲望を具体化できないままで就職したとしたら、友達と会社が終わって飲みに行っても気が休まらないことは同じである。こんなことをしてはいられないという気持ちで、たえず何かにせきたてられている。一日として、いや一晩としてゆっくり解放されて酒を飲んだことはない。どこにいても、何をしていても、会社の仕事をしているとき以外は落ち着かないのである。

しかも会社の仕事は嫌いなのである。自分の嫌いなこと、いやでいやでたまらないことをしているときしか落ち着けないとは、ほんとうに奇妙な人生ではないだろうか。

友人に誘われて酒を飲んでいても、友人はその仕事に向いていて、自分よりはるかに能力があるように思えてしかたがない。

自分はいまの生活に向いていないのだとわかっても、もう仕事を変える勇気もないし、その機会もない。

そんなとき、おそらく彼は、一日でいいから明日のことを思いわずらわずに生活したいと思うだろう。酒でもいい。いまの人生を忘れさせてくれるものがほしいと。

しかし、人生とは、じつに皮肉なものである。好きなことをやっている人間や仕事に対する自分の能力に自信をもっている人間が旅行をしたり酒を飲んだりするから休養になるので、そうでない人間にとっては、酒も旅行も英気を養うどころか、かえって、不安をつのらせるだけでしかない。

そういう人もときには、出世など望まないから、もっと気の休まる仕事をして気楽に暮らそうとも思う。そして、そういう仕事をして、好きな絵でも描いて、貧乏でもいいからもっとホッと肩の力を抜いて生活したいと彼は思う。

しかし結局は、彼は、やはり会社で頑張ることになる。それは、彼がほんとうに好きなものが絵ではないからである。階段をひとつずつ昇りつめ、来る日も来る日も、心を張りつめ、明日を思いわずらって生きてみても、これは不毛の生活である。

大学時代に欲望を明快にできず、ただ大学卒として企業に入社し、そして出世したいと思うならば、どうしてもこうした不毛の苦しみは避けられない。

ところが、じつに人間とは皮肉なものである。自分の欲望をはっきりさせられた人間はあまり出世を望まないのに、自分の欲望を明確化できなかった人は、出世を望む。そして出世できないと、無気力になる。

少年でも自分のやっていることに関心を示せないと、たえず大人から注目されることを望む。

そしてさらに皮肉なことに、出世を望んだ人がかならずしも出世できるわけではない。

また自分の欲望を明確化できて、出世をそれほど望んでいない人が、結果として出世してしまうということもある。

失いたくないものが多すぎる

自分の好きな道を進んだだけで成功した人間がいるとしよう。その場合、彼はその成功をほとんど鼻にかけないだろうし、その成功を価値の基準にしてものを見たりはしないだろう。ところがもし、苦労に苦労を重ねて成功したとする。その場合、おそらく彼はすべての価値の柱に「成功」ということを置くだろう。

貧困から身をおこし財産を築いた社長というのが常に保守的なのは、それなのである。それはこんにちの財をなすまでに、その人がどれだけ苦労したかの証明でもあるからだ。

つまり、極端に保守主義の人間は、じつは働きすぎの人間なのではないだろうか。人の二倍、三倍働かなければ成功はできない。しかし、もし働くことが好きで好きでたまらなかったら、その人は現在の地位を得るのにそれほど苦労したとは思わないだろう。

それに、もし好きな仕事で得た地位であるなら、それほど失うことが惜しくもないにちがいない。しかし、じつは絵の道を進みたかったという人間が企業に入り、毎日毎日を出世のために歯をくいしばって頑張ったとしたらどうだろうか。

来る日も来る日もつらいばかりの毎日の中で、人の二倍も三倍も自分にムチ打って働き、やっと重役の地位を得たとなれば、めったなことでその地位を手放したくはない。その地位を守ってくれるのは現在の体制なのだから、それを倒そうとするものには猛烈な敵意をいだくにちがいない。

「この地位を奪われるくらいなら、俺《おれ》だって小さいころから好きなことをやればよかった」と思うにちがいない。自分のやりたい道にも進まず自分を抑え、やりたくないことを体にムチ打ってやってきた、そういう生涯が自分の生涯だったという人にとって、現在得た地位は彼の人生の貯金そのものなのである。

こうして、人は頑固なまでに保守的になる。これだけ苦労してきた自分と、好きなことをやって気楽に暮らしてきた人間とが平等に扱われてはたまったものではないからだ。

ところで、これからが大切なのだが、いま、自分を抑制し、好きなこともやらずに、ということを書いた。しかし正確に言えば、こういう人たちには「好きなことがなかった」と言うべきなのである。彼自身は「好きなことをやってくればよかった」と思っているかもしれないが、それでは、好きなこととは具体的に何かあるのかと言われれば、じつは何もないということがあまりにも多いのではないのか。

自分の欲望が明快でなかったからこそ、自分の体にムチ打たざるを得なかったのである。気のすすまない毎日、いやがる自分の心を意志の力で抑えつけ、あるときはひっぱたきながら、抑えつけることができたのは、自分の内心の欲望が明確でなかったからだろう。

五木寛之《いつきひろゆき》氏は、『地図のない旅』という本の中で、「自分には失ないたくないものが多すぎるような気がする。何ものをも失なうことを恐れぬ人間として生きたいと思う」と書いている。手かせ足かせのように自分にからみついているものをかなぐり捨て、自立した人間として生きる、そのためには、これだけあれば自分の人生は満ち足りるというもの、貯金や車など、財産でないものを発見するしかない。

二枚のシャツは、一枚のシャツの倍の幸せを約束するか

よく言われるように、日本人の多くは中産階級意識をもっているが。「生活が楽か」と問われれば、やはり、「もう少し金が必要だ」と答える人が大部分だろう。生活水準について言えば、第二次大戦前の日本人の生活は、昭和九年から十一年ごろがピークだろう。

ところが、戦後の昭和三十年代にはすでに戦前の最高の水準を抜いている。それ以後は神武景気、岩戸景気、いざなぎ景気とモーレツな経済の勢いに応じて生活水準、生活基準は上昇した。

生活水準がこれほどの勢いで上昇した国や時期というのは、おそらく人類の歴史始まって以来、どこにもないだろう。これは悪いことではなく、非常によいことだ。生活水準が上がるというのは悪いことではないに決まっているからだ。しかし、もっとよくしなければ、とそれが強迫観念になれば、これはよいこととは言えなくなる。

たしかに事実として戦後の日本は生活水準が上がったが、先に言ったとおり、もしわれわれが昨日のままでいいやと思えば、生活はけっして苦しくはなっていない。

われわれには、経済が成長したから、それで生活が楽になったという意識はないだろう。

しかし、もし「まえのままでいい」と思えば、非常に楽になっているはずである。電気洗濯

機も冷蔵庫もカラーテレビもいらないと思えばである。

十万円の給料が二十万円になれば、いままで一枚しか買えなかったワイシャツが二枚買えるようにはなるだろう。

だが、ワイシャツが一枚から二枚になったからといって、彼は、彼女は幸せになるだろうか。その一枚のワイシャツは、人間に幸せをもたらすだろうか。そんなことはありはしない。戦後、所得がこれだけ上がりながら、それと同じ率だけ人間の幸せは大きくなりはしなかった。

給料が倍になったら、倍のものが買える、それはあたりまえである。だが、給料が半分になることで、幸福になることだってありうるのが人間である。

給料が二倍になれば、タンスの中の服は倍になるだろう。あるいはいままでの酒よりうまい酒が飲めるだろう。そして、それだけ量的に多くの満足が得られるかもしれない。だが、二着買えたからといって、それだけ人生に生き甲斐が生まれてくるものだろうか。

誰でも服は一着より二着のほうがよい。給料は倍のほうがよい。だが、そのことと人生の生き甲斐、生の充実感とはちがうことをはっきり区別しなければならない。

決められていないコース

アメリカ論をはじめ、ヨーロッパ論、あるいはアジア論などを論じる人は多い。たしかに論じるのは、その国々について詳しい人たちばかりである。十年近くもその地に住んで、日本人の目から見たその国々の文化を論じたものだから、聞くべきところはたくさんあるし、僕もそのような本を好きでよく読む。

しかし、読むたびに、そうした本にはどこか決定的に欠けている視点があるような気がしてならないのである。それは、あるいはつぎのような理由によるのではないか。それは、多くは、留学生やら、その国で仕事をしている人間、つまりその国に勉強に来たか、仕事をしに来た人間であって、その国の生活を楽しむために来ている人ではないということである。したがって、生活を楽しむという点では、この国が日本とくらべてどうかという視点がない。これこそが、決定的に欠けている点なのだ。

たとえばハーヴァード大学に留学した日本のあるエリート官僚は、ハーヴァード大学は地獄のようなところだ、と日本に書き送った。彼にしてみれば、アメリカは勉強するところ、そして何かに役立つ資格を取得して日本に帰っていくところである。日本において、いま以上に出世するための手段としてしか、アメリカはない。

彼のアメリカ滞在におけるその時その時は、すべて、将来のための現在でしかない。現在は将来の手段なのである。

これでは、本質的には日本の受験勉強と変わりはない。麻布高校や灘高校がハーヴァード大学になっただけだろう。

しかし、もし彼がハーヴァード大学に学問を楽しむために滞在したら、彼の目にアメリカはどう映っただろうか。彼は自分があまりにも多くのものを見落とし、またあまりにもかたよった見方しかしていなかったことに驚くのではないだろうか。

僕がアメリカで味わった楽しさというのは、たとえばドライブをするとき、何よりも「決められていないコース」をドライブできるということだった。

アメリカでの生活が始まったころ、僕はよくゴルフ場に行った。大学から車で十分ほどのところにゴルフ場があり、一ドル三百円の時代に、一日中やって三ドルだった。そのころ九百円で一日遊べるということは日本の社会から考えればたいへん安いことである。

しかし問題は一日九百円で遊べるということよりも、そのゴルフ場と日本のゴルフ場とのちがいである。

日本人がゴルフをしようというと、一カ月もまえからゴルフをやることが決まっていて、たとえ疲れていようが、雨が降っていようが、決められたスタートの時間に間に合うように暗いうちに出かけることになる。そういうゴルフに何回行ったとしても、それはけっして豊かさを示すものとは言えないのではないだろうか。

僕がよく行ったゴルフ場に関するかぎり、犬を連れたおじさんがゴルフ場をまわっていたり、マラソンをしながらゴルフ場を走っている人の姿が見えた。なんと、ゴルフ場の池で釣りをしている人さえいたものだ。

ケンブリッジの家から車で三十分ほど行ったところにクインズィーというところがあり、そこのゴルフ場に出かけて行ったこともあったが、クラブの様子を見ると、九ホールぐらいまわって、あとはよもやま話をしたり、テレビでアメリカン・フットボールを見たり、のんびり酒を飲んだりである。

ところが日本のゴルフ場では、いったんそこに来た以上は、夕方までまわらなければ損だと言わんばかりにプレイをする。

同じ金を払ったのだから、陽が落ちるまでやらなければ損だというゴルフの仕方はどう考えても豊かだとは言えないだろう。

余暇社会の到来と言われながら、われわれは余暇どころか、画一化された不安な余暇を送っているような気がする。これでは、ゴルフに何回行ったとか海水浴に何回行ったから豊かな社会になったという判断はとてもできない。ゴルフに行く回数が多いということは、逆に言えばそれだけ豊かでない社会であるとさえ極言できる。

次々に流行が変わりスカートが長くなったり短くなったり、靴の先が丸くなったりとんがったり、靴のかかとが高くなったり低くなったりするたびに、新しい服や靴などほしがるが、それはそんな洋服を着なければという強迫観念にかられているからで、買うことが豊かさの象徴なのではなく、むしろ貧しさの象徴なのである。

大量生産でできた商品を売りさばくためには、大量消費の欲求を広告でつくりだしていかなければならない。そして、そうしてつくりだされた欲求に毎日毎日追われる悲惨な生活、どの国よりも日本人がもっとも被害をこうむっているのはその生活であるような気がしてならない。

たしかに日本人の生活水準は上がったが、生活水準を上げるということは「生活を楽しむ」という目的のための手段のはずである。日本人はもっと生活を楽しむ能力を伸ばすべきだと思う。

手段を目的にしてしまうな

デパートを歩き、好きな服を買うことは、女性にとって楽しみだろう。しかし、それは「面白い」という性質以上のものではけっしてない。けれども、青春のある時期、身も心もささげつくす恋に生きることのほうが、彼女の生を充実しはしないだろうか。読みたい本のために図書館に急ぐ女子学生は、粗末な身なりでも、目が輝いているではないか。

いつのまにか、ある人々にとっては金が目的になった。なぜ手段が目的に転化したのかと言えば、それはもともと目的がなかったからだろう。人間は目的なしには生きることはできない。だから、その目的のない場合には、逆に手段そのものを目的にしてしまうことになる。目的を失った人間は、手段を目的にすりかえて生きていく。それが戦後の社会なのだ。そして本来の目的がなかったからこそ、日本の戦後の経済は、大成長をとげた。逆に言えば、あれだけ急速に物質的に繁栄したことこそが、人間の心の中に真実の目的がなかった何よりの証拠だと思う。何かをもつことが贅沢《ぜいたく》であるという考えは、上昇感覚の消え残りにすぎない。

学生時代の仲間と会うと僕は、なんと付き合いの範囲がちがうものだと驚かざるをえない。たとえば、新聞記者になった友人がゴルフやマージャンをやるときは、だいたい有名会社の社長が相手である。

ところが、僕の付き合いはまったく反対である。貧乏学生を相手に、やきとり屋でコンパなどをやっているのである。これでは、ちょっと見たかぎり、僕の友人のほうが、贅沢な人生を送っていると考えられるかもしれないが、かならずしもそうではない。

有名なゴルフコースで遊び、有名なホテルで飯を食う、そういう生活は物質的には贅沢だが、かならずしも心の感動をともなうものではない。

有名なホテルに行ったとき、ブランドのものといわれる服を着たとき、たしかに感激するかもしれない。しかし「ぱっと燃えあがる感激と、こざかしい無感動とはいつでも相応ずるものなのだ」とはキェルケゴールのことばである。大学時代に、たえず現実から一歩しりぞいたところで、お客様のような顔をしているかぎり、「ぱっと燃えあがる感激」はときにはあるかもしれないが、心をゆり動かす感動を味わうことはできない。

現代人は心のもっとも奥深いところで金銭を軽蔑している。だからこそ、実際には金だけで動く人間が「私は金では動かない」と、大きな声で言っているのである。

物質的な豊かさが、何か代用品の世界に見えるような根元的な体験を大学時代にしてもらいたいのである。

劣等感社会とは

大学で自分の中に生み出し育てる欲望、願望というのは、金で解決できる性質のものではない。

このことは、一見あたりまえのようである。しかし、ある程度物質的に豊かなのに、なぜか精神的飢餓感に悩まされているのは、じつは大学を出たサラリーマンではないだろうか。

日本は明治からこのかた、常に上昇感覚で生きてきた。世界の中で、名もない国から三等国、二等国、一等国へと終始一貫して上昇を続けてきた。ところが、第二次世界大戦が終わってもなお、いまだに上昇感覚で生きている人が、日本人には多すぎる。

とくに上昇感覚が危険なのは、隣人の生活を見て不安にかられる点である。他人はこちらを見て推測し生活に追われ、こちらは他人を見て、また生活に追われる。そういう際限のない繰り返しが、上昇感覚の社会の特徴である。下には落ちられないが、上に向かって無限に開かれているから、上へ上へと強迫される。上昇することは生きるためのテクニックにしかすぎない。そのテクニックが目的になり、その目的は手に入れたが、人間の幸福からは見放されてしまったのである。手段が目的化してしまうのは劣等感の強い人におこりがちだという。

有名校への評価のかたよりはその姿である。しかし、幸運にも有名中学や高校に入れた人間は、自尊心を不自然に高め、それが逆に次に失敗したときの傷を決定的に深いものにしてしまう。中学から高校への段階で失敗した人間はもちろんのこと、そのときまで成功してきた感情の裏返しとして、受験の失敗に深く傷つく。異常なかたちで拡大した感情は、逆に異常なかたちで萎縮《いしゅく》してしまうのである。

能力主義の適用される場において、敗北してきた者は劣等感をもっている。そういう人にとって秀才イメージの者でない人が、秀才の上に立つことはこのうえなくうれしいことである。

僕の知っているあるサラリーマンは、自分の下に東大卒の人間がいるということを、ことあるごとに口にしていた。彼は東大出身ではなかった。そして、かつて東大をめざし、失敗したことのある人である。彼にとって、自分の下に東大卒の人間がいるということは何ともうれしいことなのだろう。彼は心の安定を得る生き方を、技術的な工夫で間に合わそうとしているのである。

上昇感覚で社会全体が動いていれば、そこには必然的に「おちこぼれ」という現象が生まれてくる。つまり上昇感覚社会は、言い方を変えれば、劣等感社会であるとも言えるわけだ。

生涯世間を気にしていられるのか

僕の大学時代の親友で、ある役所に勤めている人間は、「あんたのような人が役人になるなんて、もったいないよ」と言われたという。

大学を出たらとにかく就職しよう。それなら誰が何といおうと官庁だ。それがだめなら大会社だ、という有名教の信者になっているとそのほかの価値がなかなかわからないからだろう。この一流教の信者になると、いったん軌道をはずれたとき、自分はもう有名ではないと、激しい劣等感を抱いてしまう。

その証拠には、日本でも最高と評価を受けるようなコースを歩んでいながら、自殺する人間もいる。番町《ばんちょう》小学校から麹町《こうじまち》中学、日比谷高校、東大を経て、ある官庁に入り自殺した人もいる。同じように、日比谷高校から東大を卒業して大放送機関に就職し、ノイローゼになって行方不明になった人間もいた。

現役で東大に受かり、ストレートに大学院に進んだ僕の友人は、規定の五年間を過ごしたのち、博士課程最後の論文作成に入ったが、書き悩んで、こぼしていた。そこで僕が、書き切れたと思えるまで取り組めばいいだろうと言うと、「いつまでも学生ではみっともないから」と本音を口にした。

僕はこの考え方には、重大な落とし穴が待ちかまえていると思った。よく言うのだが、世の中の評価に自分をあてはめて考えるのは、一回きりですまなくなるということなのだ。場合によっては一生、その繰り返しの日を送る場合があるだろう。

高校時代、もし浪人しようものなら、何とか大学生にならないと体裁が悪いと思い、大学では留年しないように気をつかい、四年になると聞こえのいい就職先でないと格好がつかなくなる。会社に入れば入ったで、年月が経てば、いつまでも平社員では肩身がせまいと考える。どこまでいっても、その体裁中心の発想は、とどまるところがない。

いや「とどまるところがない」のならいい。拡大再生産なのである。

高校時代、卒業してブラブラしていては体裁が悪いと思って大学に行った人間は、大学に来たことで前よりもっと体裁を気にする人間になっている。

やがて会社に入るころには、大学時代よりさらに激しく、体裁を気にする人間になっている。つまり、この年になったら課長ぐらいにならないと体裁が悪いということである。

何度も言うように、ある行動の動機は、その行動によって強まる。「みっともない」とか「恥」とか言うのはそれを動機として行動しているかぎり、年とともに強まっていく。

やがて何をしていても「みっともない」という感覚にとらわれる。そして自分の健康を犠牲にしてまで働いて、大きな車を手に入れるようになる。体面を保つために健康を犠牲にする人はけっして少なくない。

もしいま、「いい就職先でないとみっともない」と思っているなら、十年先に体面を保つことで疲れきっているサラリーマンに自分がなっていることを想像してほしい。われわれは体裁のために生きているのではない。

キャンパス・ワークを見つける

ロマンとは、苦しみの別名である

いま、学生にもし求められるものがあるとしたら、たんなる不満の解決ではなく、どうしたらいまの自分の人生を超える、大きなロマンを探せるのか、ということなのだ。

人間はえてして易《やす》きにつく。誰だってつらいのはいやだ。しかし、易きにつかないことは、別の楽しみを人生にもたらしてくれる。それが生き甲斐ではないだろうか。

もともと、易きにつくつもりなら大学で学ぶことはないと僕は思う。大学で学ぶのは、それとは異なった楽しみを人生に求めてのことではなかったか。

ベストセラーを出した出版社や、株がにぎわっているときの証券会社などでは、ボーナスの使いようがなくて、ただ飛行機で北海道や九州に出かけてみたり、あるいは銀座で飲んで使ってしまう人もいると聞く。

生存の向上を、そのままもう一段質の高い生活に結びつけていく能力を養うところが大学だろう。生存の時代から実存の時代に入った大学の役目は、たんに世わたりのうまい技術者を生み出すためだけのところではない。

生存のレベルの向上が、いままでやってみたかったスペイン語の勉強をするエネルギーになったり、テニスを練習するエネルギーになったりすることにつながらなければ、意味がない。

また逆に言えば、大学時代は、「とにかく食べていかれる」ということで満足してしまわない人間への道を探り出さなければならない。

とにかく食べていかれるというだけの生活で、「もういいや」と満足してしまわない野心を創《つく》ること、自分の中に衣食住を超えた別の新しい欲望を創ることが第一である。

三度の食事を与えられれば、食欲は満足させられてしまう。それに、あと五千円のアルバイト料があれば広いアパートにも移れるだろう。しかし、ひとつの満足がさらに大きな欲望をかきたてるようなものを自分の内にもてれば、金銭的な願望は常に満たされなくても、けっして精神的飢餓感に悩まされることはない。

満たされないそのことがかえってその人の生活に張りを与えるが、しかしけっして精神的飢餓感を与えないような、そんな願望、欲望を心に抱ければ、その人は人生においてたえず星を眺めることができるだろう。

それは別の表現をすれば「学ぶことの喜び」である。だから、「大学で何を学ぶか」と言えば、「学ぶことの喜びを学ぶ」と言えるかもしれない。

文学部の学生が大学の何年間かで文学を学ぶことの喜びを学んだとしたら、それは大学生として立派に学んだことになるだろう。たとえ読んだ本の数が少なくても、何ひとつ教室での授業を記憶していなくても、その学ぶ喜びを学べたなら、大学生活は成功なのだ。

卒業して何年か経ち、自分の大学の図書館の前を通ったとき、なつかしさに思わず飛び込んでしまいたくなったとしたら、何を専攻していたにしても、立派に大学で学んだと言えるだろう。

同じことは法学部の学生についても言える。法学部では司法試験に受かることが成功ではなく、法律を学ぶ喜びを知ることを成功と呼べるのだと思う。それを抜きにして、仮に司法試験に合格しても、それは技術的に運転免許を取るのと変わりがないことになる。

四等寝台の幸せ

小学校から中学校、そして高校から大学を経て有名企業へと敷かれたレールにははずれまいとして精一杯の、極端に言えば、毎日が試験前日のようだった学生がいるとする。そんな人は自分が何を望んでいるのかわからないのではなかろうか。

塾だ学校だ、数学だ英語だと追われ追われてきて、まるで高校や大学に行くだけの、目のまえには自分が意志するのではなしに高校が、そして大学があるだけの生活だった。自分が自分の意志で次の階段を選び昇るために闘ったことは一度もなく、次の階段は自分が選ぶのではなく、いつでも目のまえに与えられていた。

そうした、いまだかつてただの一度も自分の意志で動いたことのない人、あるいは親の意志で、あるいは世間の目だけで動き続けてきた人のもちやすいのが精神的飢餓感である。

「錦を着て憂える人有り、水を飲みて笑う人有り」という格言があるが、水を飲んで笑っていられる人は、自分の意志を、自分の意欲を、自分の未来をもっている人間である。

そういう明快な自分の意志と欲望をもっている人間は、錦を着なくても幸せになれる。大学時代の旅行の途中ですっかり金を使いはたした人間の話を聞いたが、その人間は、土にまみれて力仕事をやって金をかせいだという。その金で食べたウドン、そのときのウドンというものが、こんなにうまいものかと彼は驚いたのだった。

土まみれの労働をやってウドンを食べていても、とにかくその旅の毎日は幸せだった。彼は僕に「とにかく旅の中で詩を書いていられれば、それでもう満ち足りていたのです」と言ったものだが、水を飲んで幸福だったのは、「詩を書けさえすればいい」というはっきりした欲望があったからだろう。

物質的豊かさは、精神的豊かさをともなってはじめて意味をもつものである。

人の例を出すまでもない。僕にも、忘れられない思い出がある。僕はワンダーフォーゲル部に入っていたので、ほかの大学生にくらべればよく山に行った。山行きには、だいたい決まって夜行列車を利用していた。当時は二等と三等とがあって、当然僕らは三等の切符で旅行をしていたわけである。夜行列車には三等寝台というのがついていたが、もちろん三等寝台に乗る金などないから、三等列車の座席の下に寝ていた。その座席の下を、だから、僕らは四等寝台と呼んでいた。

だが僕らがその硬い木の床の四等寝台で幸せだったのは、「あの山に登りたい」という明快な欲望があったからである。

キャンパス・ワークはあるか

かつては、地方の寒村から大学にでも学ぼうというケースがあると、まず、その人間の周囲には、大学生など一人もいないことが多かった。だから、友達が大学に入るからとか、教師が進学をすすめるからというあいまいな理由で大学に進むことは、めったにないものだった。

ところが、まわりに大学生や、大学に進もうという人間が珍しくない現在では、かえって、学びたいものがあって入学することが少なくなっている。

文学をやりたいとか、経済を学びたいと言ってみても、その文学や経済の中で、とくに何を学びたいのか、まったくつかんでいなければ、教師のほうから要求された学習をこなすだけで四年は過ぎ去ってしまう。

教師から求められたテキストの学習とか、レポート提出のほかに、自分自身のキャンパス・ワークをもっていなければ、経済を学んだとか、建築を学んだということにはならない。

大学の時代とは、まずその欲望を具体的に、明快にする時代である。恋を恋する時代から現実の恋人をもつ時代なのである。

そのためには、一生のうちでこれほど恵まれた時代は二度と訪れないだろう。

自己実現が第一だとか、自己主張が大切だとか言ってみても、主張すべき具体的内容がないのは、アクセルをからぶかししているのと同じである。

美に接したいという漠然《ばくぜん》とした願望、美しいものなら何でもいいというつかみどころのない願望から、しだいに「あの景色を見たい」、「あの建物を見たい」という願望の具体化へ進むことが必要である。

坂口安吾《さかぐちあんご》は、「学校のきらいな奴は大学へはいっても仕方がないという周囲の意見に、大学受験をあきらめ」たものの、小学校の代用教員をやっているうちに、学問的に仏教を研究してみたくなって、大学に入ったという。

学びたいという気になってからの安吾は、すばらしかった。一日睡眠四時間で勉強に励み、梵語《ぼんご》、パーリ語、チベット語、フランス語、ラテン語などに取り組んだという。アテネ・フランセにも入学し、賞をもらうほど勉強したというのだからたいしたものだ。だが、どうしても学びたいものがあるとき、そのくらいは安吾でなくても、やれるかもしれない。

僕は大学という名前は、もっともっと使われていいような気がする。現在、公民館などで行なわれている市民大学講座や夏期大学講座などのような企画に、どんどん大学という名前をつけ、大学という名前が何か特殊な社会のものでなくなるようにしなければと思う。それは、意識的に大学卒という肩書を役に立たせなくする作業である。何々文化センターなどというのではなく、学ぶところはみな、老人大学、婦人大学と名づけて、社会教育を行なっていくべきなのだ。

それだけのことでも、大学に集まる学生の考え方が少しは変わってくるだろうし、大学という肩書もあまり社会生活で役に立たなくなってくるだろう。

そうするうちに、何よりも、その人が大学で何を学んだかが問われるようになってくるのではないだろうか。

いまの日本は、一見自由な社会のように見える。しかし大学まで追いたてられてきた現実を考えれば、それほど自由ではなかっただろう。

自分が勝手に自分を抑えていたのか、それとも親が自分を上手に操作して自分の欲求に気がつくことから目をそらさせたのか、社会全体が悪いのか、いずれにしても、大学では、そんな精神的な抑圧をはねのけ、みずからの野望をもつべきなのだ。

第4章

人間から学ぶ

教師から学ぶ

サルトルは偉大なのか

僕は冗談に、「サルトルと僕とどっちが偉大かね」と聞くことがある。そんなとき、「いや、それは」と口ごもる人は多い。しかし、心の中では「そりゃ、サルトルだ」と考えているのではないか。そして、それでもなお、僕がそれに執着したら、僕はたぶんノイローゼにされてしまうだろう。

だが、サルトルと僕とを比較することができるのだろうか。サルトルの文筆活動と僕が原稿を書くのとでは、それぞれに役割がちがうのである。ものを書くという作業は同じでも、対象とする世界も、読者も、ちがうのである。

きっと、それでもまだ、サルトルが偉大だと考える人はいるだろう。「彼の著作は世界中で読まれている。しかし、加藤某の書いたものなど、サルトルほど翻訳されないじゃないか」と。

だいたい、そうした発想をするのは、有名大学教授は駅弁大学の教授よりえらいと決め込んでいる人々なのである。

しかし、そんな基準で人を見ていいのだろうか。どの大学にもマスコミに知れわたった教授がいる。いわゆる看板教授たちである。けれども、それは、あくまでも世間に対してで、ある一人の学生にとっては無価値なものなのだ。とすると、教授との付き合いも、有名な教授でなく、学生には目立たない教授のところへ行ってみることが必要なのではないか。

A教授はB教授より社会的評価が低いからA教授の部屋へは出かけないという発想を、キッパリとやめてみることだ。寒い部屋で暮らす教授には、暖かい部屋ばかりで生活している教授にはない、あふれるばかりの人間味があるかもしれないではないか。

以前「私が書いた『文学概論』は、日本中の人間が知っている」と、学生に向かって言い放った文学教師がいた。

いったい、日本全国の人間が知っているくらい有名なら、わざわざ教室でいい及ぶことはないだろうと考えてしまうが、学生の前でそれだけ自分自身の権威をふりまわすのは、むしろ誇りをもてない教師だろう。学ぶという本来の目的から遠ざかれば遠ざかるほど、教師も学生も、外側の威厳にしがみつく。

自分を飾り、威厳をとりつくろわなければと必死になる人間がすがりついているのは、残念ながら、偽りの誇りだと言わざるをえない。真の誇りは、日本全国で受け入れられようが、入れられなかろうが、ゆらぐものではない。

こういう教師には、けっして近づくべきではない。こんな教師に近づくことは、いままでの偏見を、いよいよ強めるだけだからだ。

自分にはその種の能力がなければ人々に相手にされないのだという偏見を、である。そうなれば、どんなに自分にとって大学が向いていないところでも、大学を卒業して、聞こえのいいところに勤めなければと思うにちがいない。それだけが、自分が他人に受け入れられる唯一の道だといよいよ勘ちがいしていくのである。

良心に対して点をかせぐ人

人間が外面を飾ろうとするのは、内面に自信がないからだということは、よく語られる。内面に自信がなければないほど、外面を飾らなければ生きられないからだ。

そう言えば、われわれも女性に対して劣等感をもっていればいるほど、男性としての外面を保とうと努力するから、お茶を飲んでも、ワリカンを嫌い、自分で払おうとする。男性が金を払うというたいへん表面的な権威で自分を保たなければやりきれないうちは、相手の女性に対する自分の気どりも強いわけである。

もともと、自分が男性として、その女性に対し内面に自信をもっていれば、ドアを開けて相手を先に入れるとか、飲んだコーヒーの金をどちらが出すかといった形式的なことは、じつは問題にならないはずである。あまりに外面を飾ろうとすると、他人にあわせる顔はあっても、自分にあわせる顔がなくなってしまう。

見栄《みえ》にふりまわされず、かえってそれをふり捨てている人間は、他人に対して点をかせごうなどとはほとんど思わず、ただ自分の良心に対してだけ点をかせごうと思うものだ。

こういう人でも、はじめから自分の内面に点をかせごうとしたのではない。あるとき、見栄よりも、自分の内面に点をかせぐ行為をしてみた、ところが意外にそれは気分がよかった、というものではなかろうか。

いま、見栄にふりまわされている人も、昔からそうだったわけではないだろう。あるとき、見栄を張ることが何かあって、それ以後、もっと見栄っ張りになってしまったのだろう。

聖書にも「日々の生活は、これを人に見せるためのものではない」という言葉がある。

自分のやるべきことを黙々とやり、他人にとりいるという卑しい行為を捨て、勇気をもって生きる。それだけが誇りをもつための道である。

どこで読んだか忘れたが、ある教授が酒を飲んで学生たちと文学談義をしているうち、学生の一人が酒を飲みすぎてもどしてしまった。学生たちがおろおろしていると、その教授は「友達が苦しんでいるのに何もしてあげないやつがいるか」とどなりながら、手で学生の吐いたものをすくって処理したというのである。

こういう教授は、能力がないということだけで、その学生を相手にしないなどということはないだろう。こんな教授にこそ、近づくべきである。そして、そのときこそ、就職以外に何の理由もなく大学にいやいや在籍している自分を、真剣に見つめ直すチャンスが来るのではないだろうか。

ポーズをつくらない教授とは

いつだったか、ある作家が、若い日に強い影響を受けた教師のことを話していたが、その教師は注文した雑誌がとどくと、授業があっても学生をほうり出して自分の部屋でその雑誌を読んでいたという。これは極端な例だと思うが、こういう人間臭い教師の姿は、かえって学生に強い影響を与えるのではないだろうか。

こういう教師がたまに、これこそは学生に伝えたいと思うことを、ポーズを忘れて叫ぶとき、学生は素直に聞けるからだ。教師とはいっても、自分が生き甲斐を感じた感動の波は、そのまま学生をふるいたたせる。

かつて鎌倉に鎌倉アカデミアという自由大学があったが、そのころ教師をしていた吉野秀雄《よしのひでお》氏は、桜の美しい春の一日、「今日は桜の下で講義をしよう」と、花びらの下で講義を始めたが、やがて「誰か酒を買って来なさい」と、学生に酒を買いにやり、学生とそれをまわし飲みしながら歌を講じたという。

人間はよく、面白いものやすばらしい景色を見たとき、思わず「ねえ、見てよ」とまわりの人間に言うが、その瞬間の人間の気持ちは素直なものだ。胸いっぱいに広がった感情で、いままでの胸の中の小さな夾雑物《きょうざつぶつ》などどこかに飛んでいってしまっている。

自分の味わった学問のすばらしさを、むしろ教師という立場でなく、同じ道を行く友の一人として、「ちょっと見ろよ」と語る気持ちくらい学生に感動を与えることはないだろう。

いま編集者をしているA君は、国文学の故・暉峻康隆《てるおかやすたか》教授の西鶴の講義にだけは毎回出席したそうである。「暉峻先生が西鶴を語ると、自分も西鶴のような小説を書きたいと、いつも焦るように思ったものでした。江戸文学の解釈ではなくて、小説を書こうという気を起こさせられるようで、いつも講義に出ました」とA君は笑っていた。

教師は、自分が学生に信頼されていると思えば、それにふさわしくなろうと努力するし、先生に信頼されていると思う学生は、その期待にこたえられる学生になろうと力を出す。

その感情の流れが、お互いの信頼を生み出すことになる。

しかし、学生の中にも教師の中にも、自分は信頼されていないと思い込んでしまっている人がいるのではないか。もしかするといまのままで、いやいや大学にいるよりも、あっさりやめて別の生き方を始めたほうが、いまより親しく迎えてくれる教授がいるかもしれないのである。有名大学を卒業して、有名会社に入らなければ、自分は世の中に伸びていけないからと自分が思うことで、競争関係だけで他人を見、自分の周囲にそんな傾向の人々ばかり集めてしまうこともある。

教授も学生も、あたりまえの人間ではないか

僕が学生に言いたいのは、教授と学生との関係や師弟関係について語る場合、何かそういう関係が特殊な人間関係のような感覚で見ているのではないかという点だ。

教授と学生の関係といったところで、ふつうの人間関係の中の一部ではないか。まして、義務教育の場ではない。とすれば、もともと人と付き合うことのできないような人間、エゴ

イストが、先生とだけ心のつながりをもてるわけがない。

出版社に勤める人から聞いたことだが、出版社にはあれこれ問い合わせの電話がよくかかってくるそうだ。

小学生や中学生の問い合わせは、礼儀正しくて、ほほえましい内容のものが多いそうだが、大学生からの問い合わせの電話には、出るのがいやになるという。

名前を名乗らない、目的を言わない、自分で調べればわかるようなことを、一度も調べもせずに問い合わせてくる。まるで、情報の自動販売機に向かっているような気持ちでいるらしい。もともと恋をするのには何か欠けている女子大生が、「わたしには恋人がいない」と、社会を非難したらおかしいのと同じことである。

恋人のいない女性ほど、この世にいないような理想的な男性について語る。同じように、親しい教師のいない学生ほど、この世にいないような理想的な教授について語るものだ。

人と人との関係は、もともとパーソナリティの問題なのだから、制度そのものの問題ではない。制度はあくまでも外側の形式をつくるもので、内容をつくるものではないのだから。

教室とか講義とかの制度は、先生と学生を向き合わせて座らせるだけである。向き合って座った人間が、そこにどんな関係をつくるか、愛になるか憎しみになるかは、制度とはまったく別の問題になってくる。

それは、人間と人間とのごくふつうの付き合いと思えばいい。だから、人間的魅力のない学生が、いくら教授の部屋を訪ねたり、研究室の扉《とびら》をたたいたりしたところで、教師から伝わってくるものは期待できない。どんなに立派な机と結構な紅茶をまえにして向き合ってみても、気持ちの通じ合わないおざなりの会話をするだけで精一杯だろう。

価値ある人間関係を創《つく》る

借金のある店にこそ行くことだ

今の学生は無責任だという声があるが、ある印刷屋が、僕にこぼしたことがある。学生から頼まれた印刷物を仕上げて待っていたが、待てど暮らせど何も言ってこない。しかたがないので、こっちから電話をしたところ、「ああ、あれはやめることになりました」と平気な声で言ったというのである。

その親父は、何も学生から金をふんだくれなかったから文句を言うわけではないと言った。それより何より、責任者が顔を見せる勇気がなかったことを残念がるのである。

学生というのは、自分が責任ある立場に立たされた経験が少ないから、無責任な行動で責任者がどれほど迷惑するか、ということに気がついていないのかもしれない。

しかし、不始末があったときこそ、その人間の真価が問われる。まずいことがあったら顔を出すのがつらくなるのが人間だが、そんなときこそ、それをあえてするのである。

かつて東京新聞の論説委員長として有名だった故・唐島基智三《からしまきちぞう》氏は、借金のある飲み屋から遠ざかることをしなかったそうである。記者として活躍中には、ずいぶん飲み代がかさんで、あちこちに借金があったにもかかわらず、借金の多い店ほど、ひんぱんに飲みに行くように心がけたという。

誰がそんなことを見ているものかと言うかもしれない。しかし、誰が見ていなくても、それはやるべきことなのである。いや、誰かがきっと見ているではないか。そう、それは自分自身の目である。

教授との付き合いがアカデミックなのか

学生に指摘したいことがある。それは、教授との付き合いが、何かたいへんアカデミックなものと勘ちがいしている点があるからだ。学生によっては、まるで芸能人と付き合うように教授との付き合いに憧《あこが》れているらしい。

このことはまえにも書いたことがあるけれど、とくに悩みや熱心な向上心があるわけではなく、まるで社交夫人が格調高いパーティーに出席する心理と同じように、教授の自宅での話し合いに顔を出したらしい。「私はあの教授と親しいのよ」とあちこちでふれまわり、教授といっしょに飯を食ったとか、家でテレビを見たとか自慢しているが、それは一種のアクセサリーとなっているわけだ。

このようなことをやっていると、大学卒でないと誰も相手にしてくれないような偏見を強めるだけである。そして、名門大学を卒業しさえすれば、人々は自分を評価し、受け入れてくれると錯覚していく。

いまの大学生の中には、とりたてて大学に入りたい理由があったわけでもないのに入学している学生が多い。もちろん、就職のためのパスポートと割り切っている人もあるし、それが潜在的な願いになっている場合もある。だから「大学で何を学ぶか」と言われても、何を学ぶかも決まらないし、またとくに知りたくもないかもしれない。

結局は、何とか単位をそろえるだけの四年間であり、大学時代は、かすめて通るだけの日々である。

いやがる馬や牛が強引に綱でひっぱられていくように授業に出ているだけで、できれば大学をやめたいが、これからの人生を考えればやめるわけにもいかない、つらい毎日を送っている人もいるだろう。だがそれなら、ほんとうはやめてもいい人である。そういう人間は自分のことを棚《たな》にあげて、大学がつまらないとか、高校の繰り返しでしかないとか言う資格はない。大学に来るべき心の準備がない人間が大学を責めてみても始まらない。

大学を非難しているうちに、いつしかほんとうに大学が悪くて、大学は自分に何も与えてくれないと勘ちがいを始めたらもうおしまいだ。もともと大学は万能なものではないのだから、何もかも自分の気に入るようなものばかり与えてくれるはずがない。

この大学から、自分が何を吸いとるかがはっきりしない人間は思わず知らずのうちに、就職のことを頭の中に入れていると言われてもしかたがない。そういう発想が心に根づいて自分自身が気づかないだけなのだ。

僕がこんなふうに書いているのを読んで、心にひっかかるとすれば、大学を意識するような場所、大学の名が通るような場所には行かないように心がけたほうがいい。恋人を選ぶとしたら、大学とはまったく関係なく自分を愛してくれる人を探すべきである。

輝かしきドロップ・アウト

もし、自分の大学の名を口にして、相手がちょっとでも目を輝かすようだったら、その人間とは、僕は、けっして付き合うなと言いたい。

他人に対してだけではない。自分の親が「うちの子が行っているのは」と在籍大学の名を周囲に自慢するようなら、すぐに家を出て下宿することだ。

学校も何も知らぬうちから、自分を「好きだ」と言ってくれる人間となら、つとめて付き合うこと、大学とは無関係な自分の特性を誉《ほ》めてくれる人間とこそ、付き合ってほしい。こういう人種こそが、大学の伝統や世の中に知れわたった大学の名に執着し、優の数をそろえたり就職ばかりを考えてキャンパスに行っていたことがふっと馬鹿らしくなる瞬間を経験させてくれる可能性を秘めているからだ。

いままで、有名大学を出て、有名企業に入らなければ、下積みの人生しか歩けないように感じていたのが、じつは「そうではないのではないか」とふっと思う瞬間があるだろう。この瞬間を大切にしなければならない。

もしかしたらそれはちがうのではないか。だとすれば、自分は何のために大学にいるのだろうということになる。早稲田大学理工学部に来て、「どうしても大学と自分とは合わない」と言って大学をやめて、お寿司《すし》屋さんになった人間がいるが、もちろん、親は反対した。しかし彼は自分の考えを通し、みごとに幸せをつかんでいる。

アメリカにも、大学をドロップ・アウトした人間はたくさんいる。そしてドロップ・アウトについての研究もたくさんある。いままでドロップ・アウトと言うと、いつのまにかいなくなるというイメージがあったが、調査の結果はそうではない。ドロップ・アウトした学生にとっては、いつのまにか、などというものではなくて、大学を離れる決心をするまでには、言葉のあらゆる意味で危機そのものを意味したという。

そして、生まれてはじめて、自分で選んだ道だった場合が多いようだ。つまり、大学がどうしても自分に向いていないとやめる人の多くは、小さいころから自分自身で何かを選択することがなかった人なのである。それがいま、まさにみずから選ぼうとするのがドロップ・アウトである。

なにもドロップ・アウトをすすめているのではない。しかし、大学まで何となく来てしまったという人は、自分の価値観がそうとう歪《ゆが》んでいるのではないかと疑ってかかる必要がある。

特別何の理由もなく大学に在籍し、しかもやめる勇気もないということを反省する必要があるのではないか。

「お望みしだいです」と言うだけでいいのか

かけもちで大学を受験するのはごくふつうのことになっているが、その中でも、まさかと驚かされる例がある。ある大学の、政治経済学部と理工学部の二つを受けるという学生がいたからである。

長い間大学で教えていると、この学生はなぜ大学にきてしまったのか、なぜこの学部を選んだのかを疑うと同時に、その学生のこれからの人生に同情してしまうことがある。

それは、かけもち受験をしたりして、その中でも、すべりどめのところにやって来たような学生の場合にとくに多いのだが、この学部に入らなければ、この大学に入らなければ、もっと充実したキャンパス・ライフを送れるのにと、よそから見て残念に思うからである。

どんな花形学部に入っていても、人間には、自分の本心を納得させられない進路があるのはたしかである。

学部は嫌いだが、学校の名は申し分ないからという理由で学園生活を過ごしているのなら、講義にも、周囲にも、不感症になっていくのは無理はないだろう。

勉強すること自体の中に報酬を求めるようなクセをつけること、それが大学で学ぶことである。高校で入試のために勉強することは、しかたがないにしても、大学でその姿勢を続ければ、つまり、はっきりした報酬がなければ勉強ができないような習慣がついてしまったら、人生を狂わせることになる。

同じ校門を通る毎日でも、ある学生は自分の人生と講義とが、抜き差しならないほど深くかかわりあっているのに、一方では、講義は早く終わってもらったほうがいいと考えている学生がいるのは、どういうわけか。

それは、自分で選んだ道なのかどうかである。大学や学部の選択を、周囲の声で決めてきた人間は、まず何よりも、人生の生き方そのものを、自分が舵《かじ》取りになって進んでいくことを棄《す》てたことになるからだ。

そういう学生は、「市場志向的人間」と呼ぶことができるだろう。それは、「市場的性格」の人間ということである。もっとわかりやすく言えば、「私はあなたのお望みしだいです」という人間である。まるで商品が消費者の好みで開発されるように、まわりからの声に合わせて自分の人生を進めているだけである。

こうした精神構造では、どう考えても責任は自分にはないという結論になるだろう。自分がこうした進路をとっているのはすべて、周囲のせいだから。しかし、現実に、大学で、授業にも、ゼミにも、クラブやサークルにも無関心で、空白の年月を送って、それでみじめなのは、自分自身ではないのか。

私はあなたのお望みしだいですという、他人の期待にこたえることだけに気をとられて歩くことの、あまりにもみじめな結果を負わされるのは、やはり自分なのである。

いままでこう書いてきたからといって、べつに僕は大学のいやな人は一日も早く大学をやめろと言っているのではない。

就職ということ以外、これといった特別の理由もなく大学に来ていても、ある人は、「やっぱり大学に来てよかった」と思うかもしれない。

またある人は、「やっぱり大学に来なければよかった」と思うかもしれない。

しかし大学に来て「やっぱり大学に来なければよかった」ということも、じつは大学で学ぶことなのではないだろうか。社会的圧迫に従って生きていたのでは結局は幸福になれないということを知ることになったのだから。

大学ぐらい卒業しておいたほうが何かといいと格好をつけて生きることでは、ほんとうに自分の生を充足できない、と知ることは大切である。

大学はたしかに最高学府である。しかし、人間の生はそんなことだけでは充実しないということを、最高学府だから学べたということも言える。

水を飲みたければ水のあるところに行かねばならない。山に登りたいと海に来ても無理な話だろう。走りたいといってプールに来ても走れない。音楽が聴きたければ音楽が奏でられているところに行くのがもっともよい。

大学に何があるかわからなくて大学に来て、何かを見つける人もいるだろうし、自分には何もないと思う人もいるだろう。どちらでもいい。しかしどちらにしてもけっして自分の自然な感情をあざむいてはならない。

あたりまえのことだが、大学だけが人生ではないのだから。

第5章

生活から学ぶ

たかが学問ではないか

放浪の旅の中で

僕は大学のころ、学校にいないときは世界をさまよい歩くことが多かった。灼熱《しゃくねつ》のデリーから一人ヒマラヤのふもとへ行き、そこで疲労から胃をこわし、熱を出してたおれてしまったこともあったし、またあるときは、冷たい雨のミュンヘンで吐き気と頭痛で悲鳴をあげたこともあった。

たった一人で体をズタズタにし、ときには言葉もまったく通じず、食事もろくにとれない日々を過ごしながら、僕が一人放浪の旅の中に求めたのは、青くさくて恥ずかしいことだが「真理」だった。何か新しい生き方がそこにあるのではないか、何かいまとちがった、もっとほんとうの生き方がそこにあるのではないか、そんなものを探して、いつも旅していたのである。数学の方程式を解くように、そして、証明問題を解くように、これが人生であるということを証明できるような真実があるのではないか、少なくともそうした未知の世界にただ一人接することで生き方のヒントが得られるのではないか、そう思って流浪していたのだった。

しかしわかったことは、僕が求めていた「ほんとうの生き方」とは、現実の世界とは何の関係もないのだということだった。

革命家が、一挙にこの世ならぬ世界があらわれることを夢みるように、当時の僕も、すべてが解決する真実がどこかにあるような気がしていた。

しかし、僕が喉《のど》から手が出るほど求めてやまなかった真実は、ヨーロッパにも、ヒンズー教の世界にも、回教の世界にもなかった。

インドから中東へ走るあのシルク・ロードを歩けば、人生いかに生きるべきかのカギがわかるとも思った。しかし、シルク・ロードを歩いてみても、それは、ただの道でしかなかった。マルクスを読んでモスクワを訪れた。しかし、そこに建設の足音は聞こえても、やはりマルクスの言うとおりとは、思えなかった。

ただひたすら「真実の生き方とは」と求め歩いたあとで、笑いたくなるような単純な事実、つまり、どの世界にも救われていた人間と救われなかった人間とがいるという思いに突きあたったのである。

人は何のために生きるのか

タジキスタン共和国のゼラフシャン河沿いで若い教師に、「あなたの生き甲斐は。生きてる意味は」と問いかけてみたとき、その教師は当惑し、けげんそうに僕の顔を見ながら、「そんなこと、考えたこともないね」と言った。

人生論でも政治論でも伝家《でんか》の宝刀《ほうとう》のようなものはたいへん危険である。人生の目的とは、人生の意味とは、とあまりにもそれを求めるとかえって意味を発見できなくなるのではないだろうか。人生の目的や意味は無理に求めるものではなく、生きているうちに自然と自分の目のまえにあらわれてくるものだろう。

まさにそれは幸福と同じに、つかもうとすると逃げていくものである。自分は何のために生きているのか、とそれを考えに考えてつかめるものではない。

僕はブハラへの旅のあと、疲れをいやそうとタシケントに立ち寄った。そしてホテルで一人夕陽をながめながらお茶を飲み、満ちたりた気持ちになった。

そのとき、自分は何のために生きているのかという問いそのものが必要なくなった。しかし、じつはそのときはじめて、その答えが出たと言ったほうがよいと思う。

人間は何のために生きているのか、という問いは僕をずいぶん苦しめた問いだった。しかし、人間は何のために生きているのか、ということを考えている間は、そしてそれを問う必要のある間は、答えは出ないのではないか。ある日その問いが自分にとって必要なくなったとき、はじめて自分は何のために生きているのかに対する答えが自分の中に自然と湧《わ》いてくるのである。

「何のために生きているのか」という問いに対して「日々の生活のために」という答えが答えとして納得できるような日が来る。

僕は何のために生きているのか、という問いに苦しめられ、寝ても覚めても問い続けていたことがあった。そんなとき、『ジャン・クリストフ』の中に「生きることそのことのために」という答えを見つけてそれで納得しようとした。何度も自分に「生きることそのことのために」と言い聞かせて生きていた。しかしそれでも気がついてみると、またすぐ「人間は何のために生きているのだ」と疑問が胸に出てきてしまうのだった。そのたびに必死になって「生きること、そのことのために」と言い聞かせては、自分の中に生じてくるその疑問をねじふせようとした。

しかし、人間は何のために生きるのかという問いに答える必要がなくなって、タシケントの街を一人で歩いているときだった。そのとき、僕は「人間は生きるために生きているのだ」と思ってはっとした。そう言えば昔、僕をさんざん苦しめた問いがあった。その問いに対する必死の答えこそ、この「生きるために生きているのだ」ということであり、そしてその答えはついに疑問に打ち勝てなかったことを思い出したのである。

タシケントの街のかなたに夕陽が沈んでいくのを見ながら、この地では古くから農耕が行なわれていたことを思い起こしながら、僕はいつまでも公園に座っていた。

なぜ水を運ぶのだ

タシケントの街に鐘《かね》の音がひびきわたっていた。ウズベキスタン共和国の首都タシケントは、意外に大きかった。ブハラやペンジケントの街から中央アジアの街のイメージをつくっていた僕には、まさに大近代都市にさえ見えた。そのタシケントで僕は考え続けた。

毎日の生活から離れた真実は、空洞化し、逆に人生そのもののあり方を歪《ゆが》めてしまうのではなかろうか。空洞化した人生を生きるとき、人間はその充足を求めて永遠不滅の真理を求める。しかしタシケントが北方遊牧民との間で交易を行なっているときの、その時点における真実が、どうして生まれたかということは、その時点での生活との関係の中にしかありえないだろう。

真理は教条化されてしまってはけっして一人一人の人生に有効にはならないだろう。真理をあまりに激しく求めることは、そのこと自体が生活を希薄化する。人と人とのコミュニケーションが行なわれたとき、「それだけではいけないのだ。もっと何かが人生になければいけないのだ」と思うことは、コミュニケーションを深化させることを妨げる。心と心がふれ合ったとき、そこに何があるか、と考えたり、人生とはそれ以上の何かがあるものだ、と思うのは、せっかくの心のふれ合いを深化させず、浅いレベルのコミュニケーションにとどめてしまうだろう、そのことがまたその人に満足を与えないが故にいっそう真理を求めるようにしてしまう。

ブハラの村で水を運ぶ農夫がいた。「なぜ水を運ぶのか、それは水を運ぶからである」とでも言うように彼は水を運んでいた。神の栄光を地上に増すためでもなく、地上の富を増すためでもなく、みずからの栄光を求めてでもなく、ただ、水を運ぶために彼は水を運んでいた。

「真実、真実と騒ぐな。真実とは、このいまの自分の生活そのものなのではないか」。そんなことを自信をもって言える人こそ、じつは真実の生き方をしているのではないだろうか。

サマルカンドでただ一人、朝をむかえ、回教寺院に太陽が輝くのを見ながら、僕はそれを強く感じた。その教えの中にもしや真実があるのでは、と求めた回教も、またひとつの生き方でしかないのだと。

そして、真実の生き方をそこまで求めさせたのは、あるいは、そのころの僕がそれほど幸福ではなく、真実という名の世界に何とかして逃避しようとしていただけかもしれない。

真実は自分で創《つく》るものだ

僕が真実にこだわったのも、自分の現実の生活そのものが、精神的に満ち足りていなかったからで、その隙間《すきま》を真理という名によって埋めようとしていたのだろう。しかし、真理はそんなかたちでは、われわれの中にやっては来ない。

この世の中に生活を超えた真実などはない。あるのは生活を通した真実にちがいないので、僕も日々の生活を軽んじたところにつまずきがあった。

「朝《あした》に道を聞けば夕べに死すとも可なり」というのはウソだ。そんな「道」などはないのだ。もし朝に道を聞いたとしたら、そのときから生きることになる、そんな道こそが道の名に値する道なのではなかろうか。

自分を捨てる、受け入れる、無、ということは、現在に生きるということなのではないか。

この世に発見すべき真実はない。アメリカ大陸のように、真実は発見されることを待って、そこにあるものではない。一人一人が自分の具体的な生活の中で創る以外にはないものなのだろう。真実は発見すべきものではなく、創造すべきものなのだ。

救いに通じる道を開く戸などこの地上にはない。救いは自分の心の中にしかない。

救いとは自分自身が変わっていくことでしかないだろう。この地上のどこかに、救いを求めて旅しても、そんな救いを見つけることは無理だろう。いま自分が恐れているものを、いまここにおいて克服する以外にはないのだから。

失敗を恐れている者は、その失敗の恐怖を、親不孝と思われることを恐れている者は、その気持ちを、名誉を失うことを恐れている者は、その恐れを、いまここにおいて克服していく以外に救いの道はない。

明日を思いわずらうな、ということの意味もそうだろう。結局は今日一日を、精一杯生きる以外に救いなどはないのだ。今日を生きられない人間に明日が開けるはずがない。

今日を精一杯生きている人間が、あるときニーチェにふれ、ショーペンハウエルにふれ、そして救われるということはあるかもしれない。

しかし、それはニーチェによって救われたのではなくて、自分で自分を救ったことなのである。その証拠には、ニーチェを読んで退屈な人間もいるし、感動でページに釘づけになってしまう人間もいるではないか。

自分をおおう恐れから目をふさいで逃避して、本や思想にしがみついても、それは無理である。みずからをおおう恐れに立ち向かう武器としてはじめて本や思想は役に立つのであって、そこに逃避していく場所ではない。そのように本や思想を使うのは誤った使い方である。

真実は平凡の中にある

若いころは平凡の中にすばらしさがあることになかなか気がつかないし、また気づこうともしない。何かすばらしいことは非平凡の中にしかないような気がするものだ。僕がいい証拠である。

同じように真実もまた何かドラマチックな非平凡の中にあるような気がしていた。あるいはそれは、真実が平凡で単純なものであってほしくないという願いがあったからかもしれない。

しかし、じつは真実もまた平凡の中にしかないのだろう。だが、平凡こそ真実であると認められるのは、青春の終わりを意味するのかもしれない。

ギリシア悲劇の中に真実が隠されているかもしれないと思って、アリストパネスやソフォクレスやエウリピデスを読んだ。しかし〝これだ!〟というものは見つからなかった。それはあたりまえのことである。〝これだ!〟というものは、もともとないのである。むしろ〝これだ!〟というものを求める精神は、人生を生きにくくするいちばん大きな障害ではないだろうか。

かつて僕は「真実」がなければ生きていけないような気がしていた。真実がどこかにあって、それを見つけなければ、生きていく資格がないような気がしていたものだった。

しかし考えてみれば、この考えこそ大きな誤りでしかなかった。なぜなら、平凡の中に生きている人を真実の人と認めることがどうしてもできなかったからである。この考えこそ、じつは人間の大きな「おごり」なのである。

むかし、小学校の教科書に「平凡にして偉大なれよ」という言葉があった。思えば、あの小学校の教科書が、すべてを言いつくしていたのかもしれない。

人間は真実を求めるあまり、「真実の生き方」こそが真に生きるに値する生き方であると錯覚を始める。すると、それが裏返され、まるで真実を探し求めていない人は、価値のない人間というように思えてくる。権力を求めることより、富を求めることより、真実を求めることが尊いことのように錯覚されてくる。「俺は真実を求めている。ところがあいつは名誉を求めている。だから、あいつより俺のレベルが高い」と考えるなら、何と思いあがったことだろう。その思いあがりこそ人間をまちがえさせ、とりかえしのつかない罪をおかさせてしまう。

僕は真実を求めて学問をしたつもりだった。そしてこの学問の仕方こそ、僕を誤らせた。学問をすればするほど、僕はさらに大きな誤りの森にさまよい込んだ。その森の大きさゆえに、僕は学問を何か価値あることと思い込んでいた。それと同時に学問を身につけた僕の考え方はより正しいのだという傲慢《ごうまん》不遜《ふそん》な自信をもって、常識にも挑戦した。

しかし、どんなに学問を身につけても、平凡な一人の人間としての精神的成長を忘れてしまったら、あやまちをおかす。それは学問自身がおかしいわけではなく、学問する態度がおかしいからである。真実はたいへんなものだけど、それをたいへんなものとしてそれにとらわれるとき、真実は偽りに変わってしまうのである。

たかが学問ではないか

風俗も習慣も異なり、言葉がまったく通じない外国を旅すると、人間はやはり精神的にまいってしまう。それは孤独だからだ。

外国への旅では、ひょっとして自分の頭がおかしくなってしまうのではないかと思うほど深い孤独におそわれるときがある。孤独というのは人間を疲れさせ、食欲を奪い、そして睡眠さえも奪う。

夜の来るのがこわい。そんなとき、人間は誰であってもいいから自分の相手になってくれる人を求める。言葉が通じなくても相手にかかわろうとする。相手の世界を知ろうとする。外国にいて孤独でいるとき、人間ははじめはそこの国の見知らぬ人を恐れている。しかしその国の人々の日常生活にふとふれるとほっと安らぎ、自分の中からその世界に対する恐怖感がとれていくのを感じる。

なにげない生活の行為。たとえばおばあさんがバケツをもって家の中に水を運んでいくのを見ただけでもほっとすることがあるだろう。

非凡な真理を求めて旅に出ても、その途上で、疲れた旅人に安らぎを与えてくれるのは、やはりなにげない平凡な生活の風景なのである。

真理は生活によって裏づけされなければならない。真理を真理として求めれば、その求める人間をふだんの生活からいよいよ引き離すことになる。

そのことは「俺は真理を求めているのだ」という思いあがりを生み、それを求めないで生きる人間を批判することになる。

学問をすることの危険は、一にかかってここにあるのではないだろうか。学問が「たいそうなもの」と考えるところにである。しかし、たかが学問ではないか。歴史学でも心理学でも英文学でも経営学でも、たかが学問ではないか。

真理と具体的生活との間にはたいへんな距離があるように思われる。しかし、それにもかかわらず真理は生活であり、生活は真理なのである。

サムシングでない人

日本のある種の知的と言われる人たち、つまり学者や文化人の腐敗は、じつは真理を生活の原点でとらえようとしないことからきていると僕は思う。

私がハーヴァード大学にいた当時、インテリに関するゼミに出たことがある。そこでのディスカスの中で、「アメリカのインテリは権力を動かすことがある。フランスのインテリは大衆から信頼されている。しかし日本のインテリは権力からも遠く、大衆からの信頼もない」と言われたことがあった。

とは言っても、日本の知性の腐敗、堕落には、じつは大衆にも責任があるだろう。なぜなら、大衆は腐敗した知性を権威として求めるからである。それは大衆も指導者も、支配階級も被支配階級も、ともに自分は「たいへんなもの」、サムシングであらねばならないという大錯覚があるからだ。

ほんとうにサムシングになる可能性のある人がそうなろうと努力したり、事実サムシングである人がそう思うならまだしも、サムシングでない人が、自分はサムシングであらねばと思ったら自己欺瞞《ぎまん》をはじめ、さまざまな無理な方法を使って生活しなければならなくなるだろう。自分をいよいよ空洞化させながら、それでもいよいよサムシングをよそおわなければならない。サムシングをよそおえばよそおうほど、いよいよ自分は空洞化する。

権威主義的な教育を長い間受けて、強度な規範意識がしっかり根づいてしまっている場合は、自分なんかたいしたことはない、自分はそんなたいへんな存在じゃないとなかなか思い切れないところがある。

たとえば社会主義運動家として、また学者として活躍したミヘルスの『政党の社会学』という本には、「人間は選ばれると変質する」という言葉が出ている。現実の矛盾に憎しみをもち正義を求める社会主義者も、選ばれると変質すると言うのである。

また、無政府主義者バクーニンも、「労働者も一度議会に選ばれると、労働者であることをやめ、政治家になる」と言った。

指揮者が変わって奏でる音楽が変わるためには、その指揮者が偉大な使命をもち、その情熱に燃えながらも、けっして偉大な使命にとらわれず、こだわらず、使命と情熱をもたぬ人々を軽蔑しない指揮者でなければならないと思うのである。

足元から始めよう

現実を冷笑するだけなら誰でもできる

僕は、僕のゼミの学生が卒業していくとき、あるいは僕が顧問をしているクラブの学生が卒業していくとき、誰もが愚劣だと考えるような人物が牛耳っている保守党がなぜ滅びないのかについて、真剣に考えることをすすめている。

保守党にしろ、革新政党にしろ、政治家たちを「あいつらは、この社会をどうしようというよりも、まず議員になりたかっただけじゃないか」と言って愚劣と決めつけるのなら、その自分は、大学で何を学ぶかをはっきり定めて大学に入って来たのだろうか。

まず大学に入りたくて、すべてに目をつぶって受験勉強してきながら、政治家を、「まず議員になりたいだけの人間だ」などと批判してみても、それは格好をつけただけの批判だろう。裏づけのある党から立候補することは、票の面でも金の面でも圧倒的に有利であり、だからこそ誰でも、できればそんな党から立候補したい。それは、大学で何を学ぶかよりも、まず有名校の大学生になりたいという自分と五十歩百歩なのである。

そういう自己弁護を捨てて何かを考え、本気で何かを学びはじめたとき、常識というものがどんなに馬鹿げていても、それなりに力をもっているのだということに気がついてくるだろう。そんなにも伝統的なもの、非合理的なものは強いものなのか、人間とはそんなにも伝統的なものにしがみついて生きていくものなのかということが。

それは人間の「弱さ」に対する自覚でもあり、人間の「不完全さ」に対する自覚でもあり、また人間の「悪さ」に対する自覚でもある。なぜこんなにも愚かな現実が、なぜこんなにも強いのか、そう考えたとき、その中に、自分の愚かさにもまた目が向けられるはずだ。

大切なのは「くだらない」と現実を冷笑することではなく、それにもかかわらずこれほどに強いのはなぜか、と考えることではないか。それを考え抜いて出てきた理想は、マスターベーションとしての理想ではなく、確実に現実と交わっている理想だろう。

理想はもろく、こわれやすいものだという考え方を、僕はしない。それは、したたかさをもってこそはじめて理想なのだから。理想は現実を冷笑するためにあるのでもなく、強固な現実から冷笑されるためにあるものでもない。

自民党の伝統主義や反理知主義を「まったくしょうがない」と冷笑することだけがインテリの姿勢だと信じるようになった大学生はおしまいだからだ。

大学で学ぶべき理想や知性はそんな理想や知性ではない。フランス革命やスペイン戦争を歴史の中で学ぶということは、そんなことではないはずである。

大学でフランス革命やスペイン戦争の話を聞いて、「高校の繰り返しにすぎない」と言い、政治的無党派層であることをインテリのようにでも感じているのなら、その自分を激しく断罪することを抜きにして、高校の繰り返しなどということは口が裂けても言ってはならないと僕は言いたい。

やらずに結果がわかるのか

たとえば現代の政治的無関心について、社会学の本は、いやというほど書いてある。政治機構の複雑化は、政治への理解を失わせ、政治行動の無意味感をもたらしたと。たしかにそれはそのとおりだと思う。しかしそれは、結局は人々がそう行動していったからそうなったのである。

必然性は教わることであるが、可能性は学ぶことである。

学生はもの知り顔に「やってみたところで結果はわかっていますよ」と言う。

しかしそれは「やったって結果はわかっていますよ」と言って行動しないからこそ結果が

わかっているのではないか。

必然性とは、力の限りを尽くしてあとに口にすべきことである。人事を尽くさなければ、何でも必然性があるように見えてくる。

そういう学生にとっては、大衆社会論の本を読むことも、経済学の講義を聴くことも、じつはただ絶望を深め、意欲的な人間や理想に燃える人間を冷笑するだけの結果に終わる。

大学は絶望するために来るところではない。ところが、不幸なことに日本では絶望を語るとインテリになれる。理想を説くことに熱心であるが、その実現すべき条件を研究しないというのは大学で学ぶ態度ではない。

「べつにこのままでいいじゃないか」という現状肯定の仕方は、何よりも自分自身の可能性を信じていない言い方である。自分自身の可能性に対しての絶望、しかも挑戦なき絶望が、「べつにこのままでいい」という言い方には含まれている。

あらゆる可能性を信じて挑戦し続け、「私はもう十分に生きた」、「俺はもう十分に生きた」そう思える学生が最後に言うのならいいだろう。

しかし、自分の人生がしめったマキのように、煙を出しながらもまだ燃えていない青年の言うべき言葉ではない。

真に偉大なのは、成功したときに笑う人ではなく、失敗したときでも笑える人だということを忘れてはいけない。

教わっても学べない人

自分の力の限りを尽くして現実に挑戦もしないで「世の中というのはこういうものだ」とか、もの知り顔に言う学生は、どんなに大学で本を読んでも講義を聴いても、学んではいないということだ。それは、教わってはいるのかもしれないが、学んでいることにはならないと思う。そうした変革への意欲を燃やしていなければ、じつは大学において十八世紀の合理主義についても、ヘーゲルについても、ルソーについても、何も学ばなかったということと同じである。

それは十八世紀の合理主義をも、ヘーゲルをも、ルソーをも、ちょうど受験勉強のような態度で勉強したということである。

大学が生み出さなければならないのは、情熱をもった知性であり、大学生が学ばなければならないのも情熱をもった知性である。現代は解釈の時代であって、情熱の時代ではない、ということは真の知性の時代ではないということだ。

知的であるということは、中立ということが存在理由の選挙管理委員になることなどでは断じてないのである。中立であること、局外者であることが知性だなどと思う学生はミルブレイスの政治学をいったい何のために学んだのだ。真の知性は党派的でありながらも、党派的であることの危険を十分に自覚していることである。

卒論で金融資本を非難しながら、平気で銀行に就職していく大学生が何と多いことか。しかし、こういう人間は、きっと銀行の中で、アクセクしながら生活していくことになるだろう。あるいは救いがないままにアクセクしながら死んでしまうかもしれない。そうでなければ、卒論で銀行をさんざんやっつけておきながら、何の抵抗もなく、銀行に就職できると思うか。

怒りと疑問の中で学ぶとき、はじめて学問も理想もきたえられ、そのときはじめてマスターベーションとしての理想ではなく、したたかさをもった理想が見えてくるのだ。怒りと疑問の中で学ばないならば、大学での学問はマスターベーションである。

「ノー」と言って立ちあがれ

ある年、僕はゼミのテーマに「現代人の無関心」を選んでみた。そのとき、もっともテーマに熱心に取り組んだのは、高校時代に新聞部にいた学生だった。その学生は、新聞部の活動の中で、あまりにも他の高校生のすべてに対する無関心さに、愕然《がくぜん》としていたのである。だから、「現代人の無関心」は、自分自身の心にひっかかるテーマだったわけだ。いったいなぜ、こうまで無関心なのかに対して、怒りと疑問を感じていたわけである。

こういう体験を柱にして学問に向かう人間は強い。だから、この学生にとってゼミはじつに面白い時間だったろう。とうとう彼は卒論もこのテーマを書くことになったのである。原稿用紙で百枚以上の卒論というと、苦痛で苦痛でたまらない学生も多い中で、この学生は、ゼミが終わると毎週十枚の原稿を書くようにしていたらしいが、その枚数がいつもオーバーしてしまって困るとこぼすほどだった。

僕は、卒業論文で、問題意識がはっきりしていないものは、問題外だと考えている。とりたてて意見をもたず、何を書いてもどこかの新聞や雑誌にあったような話しか繰り返せない論文が多いからだ。

「君は大学で何を学ぶのか」ということは、別の点から言えば、「君は大学で何にホットになるか」だろう。その意味では、卒論がホットでないのは、さみしいことだ。

卒論とゼミの両方を指導した女子学生がいたが、彼女は東南アジアに旅行したときにアジアの現実を見て、たんなる旅行者以上の印象を受けたのだろう。とうとう東南アジアの大学問題を卒論のテーマにし、しかも英語で論文を書いた。女子学生だろうと男子学生だろうと、ホットにならなければ、大学の学問はできないのである。

自分に何かの疑問があり。その疑問を何とか解こうという姿勢がないと、大学は地獄である。しかし、テーマさえあれば、大学はたいへん面白いところなのである。

受験時代に勉強したことは、真理の一面ではある。しかしそれが一面であるが故に魂が入っていない。そのことがわからないから、フランス革命を勉強して、なんだ高校の繰り返しだ、と言うのである。

大学で学ぶのは死んだ教養ではない。生きて躍動する教養である。知識をもってニヒルになることと、教養ある人間とは断じて異なるのだ。人生を無意味なものと言って、努力している者を冷笑して自分の臆病をごまかそうとしている人がいる。こういう臆病者にだまされてはならない。

「いまのままでいいじゃないか」と言って恥じない大学生は、自分の人生をその程度にしか考えていないということである。

そんな人生に、ひと言「ノー」と言って立ちあがることこそが、青春ではなかったのか。

といって、はじめから大きなことを考える必要はない。いま生活し、学んでいる大学を考えてみればいい。自分の大学の図書館は、勉強するためにどうだろうか。

意欲するから人間だ

僕は東大の大学院にいたころ、つくづく本郷の図書館の利用しにくさに、いや気がさしたことがあった。それは早大の図書館についても同じである。友人の一橋大学の教授が早大の図書館を利用するのには、僕の助けを必要とするくらいなのだから。

だが、僕はけっしてこれらの大学図書館を責めているのではない。利用しにくいのは、望ましいからそうなっているのではなく、本を安全に管理していくことを考えれば、そうならざるをえないだけだろう。

問題は、その大学の学生が、その学校の図書館を思うように利用できない生活を送っていながら、その不満をうやむやにしてしまってはいないか、ということなのである。

もしいま、何も不満でないのなら、それは不満がないというより、もはや自分の中に何の願望も、希望も欲望もないということである。はやばやと生きることに退屈した人は、学ぶ態度を失ってしまったからである。

「我思う、故に我あり」を超えて「私は意欲する、故に私は存在する」と言った人間がいたが、現状に不満でないのは、現状を超える望みを抱いていないからである。生き甲斐はないけれど、ダラダラ生きてはいかれるというマイナスの少ない人生を暗に認めるだけなら、いったい大学で何を学ぼうというのか。

経済学部の学生が、よりよい社会の、よりよい経済のあり方はどういう姿かを学ぶのだとしたら、効率のよい読書ができるために図書館のシステムはどうであるべきか学ぶべきだろうし、法学部の学生はそのための制度のあり方を求めるべきだろう。理工学部の学生は、そういう図書館に必要な技術は何かを研修すべきだろう。

大学で身につけるべきなのは、批判性と同時にこうした合理性なのである。

そして合理性を身につけるということは、いまある社会の仕組みの不便さに怒りを覚えるということでなければならない。

合理性を学ぶこと、合理性を身につけることは、非合理的な社会の仕組みに怒りを覚えることではじめて意味をもつものだ。僕は、内容のある怒りを覚える、ということだけで、何よりもその社会に参加している証拠だと思うのである。

〈新章〉

第6章

希望をもつ強さ

「自分自身」を生き抜く

いままでの自分の人生を振り返って、自分のことを精神的に弱い人間と思っている人がいるかもしれない。自分は生きる意欲に欠けると思っている人がいるかもしれない。大学に来て、いま自分に自信がもてない人がいるかもしれない。

第一志望の大学に入れなかったということで、自分のことを「すぐに望みを諦める人」と思っている人がいるかもしれない。

しかし人の性格は育つ環境に大きく影響される。あなたはどういう人間環境で成長してきたのか？

あなたは心理的に望ましくない環境で成長しながら、心理的に望ましい環境で成長した人と同じ土俵で自分を比較しているのではないか。

たしかにすぐに望みを諦める人と、自分の望みをなかなか諦めない意欲的な人がいる。では両者の心のどこに違いがあるのか。

「望ましい結果に固執する動機は希望である」（「Hypothesis:There is Hope, Handbook of

Hope edeted by C.R.Snyder,ACADEMIC PRESS,2000. P.6」）と言う。とにかく望ましいことに固執する意欲的な人がいる。それはけっして希望を失わない人である。

ではどういう人間環境で育った人が希望を失わないのであろうか？

どういう人間環境で育った人が希望を失いがちなのであろうか？

拒絶の中で成長した人には粘りがない、問題解決能力がないという（「前掲書、P.43」）。

小さいころから努力しても努力しても認めてもらえなかった人がいる。

そういう愛のない環境の中で成長してきた人でも、何とかぎりぎりで踏んばり、まともにいままで生きてきた。意欲的とはいかないかもしれないがとにかく今日まで生きてきた。

外からはわからないが、それはエネルギーのいることであり、消耗することである。外から見ると問題解決能力がないように見えても、本人は頑張って生きている。外から見ると粘りがないように見えるが、本人は必死で生きている。

そういう人は、拒絶の雰囲気の中で成長しても、それでもいままで生きてきた自分のエネルギーの凄さに気がつくことである。そういう人は、もし違った環境で成長したら、違った性格の人間になっていた。つまり拒絶されることがなかったら、あるいは虐待されなかったら、そうした受容の環境で成長してきていれば、「決して諦めることのない意欲的な人間」

に成長していたかもしれないであろう。

人生は問題の連続である。問題解決能力がなければ生きていられない。いままで生きてきたということは問題解決能力があったということである。

本来問題解決能力がなくても不思議ではないような環境に生まれながらも、問題を解決しながら今日まで生きてきた。それは凄いことである。

「決して諦めることのない意欲的な人」を見て、「凄いなー」と思うかもしれない。「けっして諦めることのない意欲的な人」と自分を比較して「自分はだめな人間だな」と思うかもしれない。

しかしそれはお互いの人生の育ちの違いを考慮に入れない感じ方である。

無視され拒絶されて育った子どもは環境と戦うこと、環境にうまく対処することが困難であるという（「前掲書、P.43」）。

だからいまあなたが現在の環境にうまく適応できないからといって嘆くことはない。現在の状況にうまく対処できないからといって「自分はもうだめだ」と落ち込むことはない。

困ったときに母親が助けてくれなかった子どもと、困ったときに助けてもらった子どもがいる。その両者では、成人してから困難に対する感じ方が違って当然である。

母親が必要なときに母親がいない子どもは適応能力が低いという（「前掲書、P.43」）。

行動に問題のある子どもは、子どもとの関係で否定的、支配的な母親をもっているという。

子どもは何かあると母親を心理的に必要とする。怪我をしたとき、いじめられたとき、雷が怖かったとき、そうしたときに母親が不安を取り除いてくれた人もいる。

しかしそうしたときに誰も不安を取り除いてくれなかった人もいる。

それでもいままでそのときそのときの環境に適応しながらとにかく今日まで生きてきた。

もしかすると、このようなことを読んでも、自分の凄さに気がつけないほどに痛めつけられている人がいるかもしれない。

「あー、自分はこれでもよく頑張ったんだ」と思える人は、まだ痛めつけられ方が少ないのかもしれない。たしかにそこまで傷ついている人もいる。

肉体的虐待はすぐにわかる。しかし心理的虐待は理解しにくい。

どうしても自分を肯定してエネルギッシュに生きられない人は、無視や言葉の暴力を含む様々な心理的虐待を体験しているかもしれない。

だから希望がもてないのかもしれない。だから意欲的になれないのかもしれない。

しかし希望はもてる。かならずいつか意欲は湧いてくる。

傷だらけの体の人が一〇〇メートル歩けば、人はその人を凄いと思う。

傷だらけの体の人が血を流しながら一〇〇メートル歩くのは、肉体的に健康な人が百キロ歩くより凄いことである。

しかしこれが心理的なことになると途端にわからなくなる。心理的に傷ついている人と、傷ついていない人の違いが消える。

小さいころから傷つけられながら生きてきた人は今日一日をまともに生きられたことが凄いことなのである。

だから何度でも自分に「希望をもて！」と語り続けるのである。とにかく今まで生きてきた自分を信じて希望をもつ。

誰よりもあなたはたくましく戦ったのかもしれない。誰も認めてくれなかったけれども、あなた自身も気がつかなかったけれども、あなたは必死で困難と戦ってきたのである。

経済的困難と戦っている人は、その戦いが眼に見える。だから貧しいのに小さいころから働いて学業を修めれば人は認めてくれる。

しかしあなたのように心理的困難と戦った人は、ほとんど認められることはない。社会は認めない。だいたい経済的に貧しければ奨学金がある。しかし心理的な困難と戦っている人には、誰も奨学金に値するものを出してくれない。

それでもあなたは一人で黙々と、その見えない困難と戦って今日まで生きてきた。それはもの凄いエネルギーを必要としたのである。

その心の中のエネルギッシュな自分を信じることである。表面ではなく、心の中を見れば、あなたは意欲的であったかもしれない。

色々な調査によれば、希望をもちにくい子どもは心理的困難を体験している（「前掲書、P.43」）。心理的困難を体験してもなお自分の人生に希望を捨てないとすれば、それはもの凄いことである。

目的志向の考え方ができる子どもは、小さいころ自分を世話してくれる人と安定的な愛着人物をもっている（「前掲書、P.44」）。

だからいまのあなたが目的に向かっていく姿勢がないからといって諦めてはいけない。目的を見失ったあなたは小さいころから親の顔色をうかがい迎合して生きてきたのかもしれない。そうして自分でも気がつかない圧迫感をもって生活していたのである。圧迫感に苦しみながらもその圧迫感に気がつかない。

魚が最後に気が付くのが水であるように、自分の圧迫感に気がついていない人は日常的な圧迫感の中で生きていたのかもしれない。小さいころの家の雰囲気が恐怖に満ちていたかもしれない。

成長期に両親の仲がよかった人もいる。両親の仲が悪かった人もいる。子どもの意欲に違いが出て当たり前である。

本当に淋しい人は、自分が淋しいということにすら気がつかない。同じように小さいころから恐怖に怯《おび》えて生きていれば、自分が恐怖に怯えているということにすら気がつかない。

親に叱られるのが怖かった、人に負けるとバカにされるから人に負けるのが怖かった、人からいじめられるのが怖かった、あなたは様々な恐怖感をもって生きていた。

あなたは自由な世界で息をしてはじめていままでの恐怖感に気がつく。あるいはすでに恐怖感は内面化されていて、いつどこにいても恐怖感をもつように心ができているかもしれない。

肉体的虐待を受けている子どもは他人に接触していかれない（「前掲書、P.44」）。当然、人とコミュニケーションできない。

それと同じで心理的虐待を受けた人は、他人に接触していかれない。

だから現在の自分のコミュニケーション能力をまちがっても本来の自分のコミュニケーション能力と思わないことである。

自分の無意識の領域で深く傷ついた何かがある。それを意識化し、それと向き合い、乗り越えようとすれば、いつかかならず自分の心の中にコミュニケーション能力が育つ。コミュニケーション能力ができれば人は自然と意欲的になる。

人とうまく話ができない自分、人と打ちとけることができない自分、人と会っていると疲れる自分、知らない人と話ができない自分、人と話していても楽しく時間が過ぎていかない自分。

そんなあなたは、もしかすると怒り、そして絶望しているかもしれない。そしてあなたは自分の人生は負け犬の人生と思っているかもしれない。しかし果たしてそうだろうか。社会の中の位置ではなく、心の中の人生を見れば、もしかするとあなたの人生は輝かしい勝利に満ちた栄光の人生かもしれない。

様々な恐怖感の中でいままで生きてきた。その恐怖感に堪えていままで生きてきた。

周囲の人は敵だった。周囲の人が敵なら安心して眠ることはできないのがあたりまえである。安らぎはないのがあたりまえである。

安らぎのない人生でもとにかくいままで生きてきた。それは日常的に戦っているからである。

人との戦いでは負けているように見えるかもしれない。しかし向こうはピストルをもっている。あなたは何ももっていない。負けるのがあたりまえである。

条件が違うから勝ち負けを言うのはおかしい。

あなたの体験したストレスの総量、それに堪えた心の力、生き抜く力、困難を乗り越える意欲、そのために注がれたエネルギー、それらはもの凄いものである。

それに気がつけば、自分の人生が輝かしい栄光に満ちていることがわかるのではないか。

肉体的虐待を受けて育った人と、母なるものをもった母親に愛されて育った人とが、同じ土俵で戦っていたのである。

秋葉原無差別殺傷事件の容疑者が高校を出てから負けっ放しの人生だということを言っている。

よい大学に入れない、正社員としての就職ができない等々であろう。

しかし彼が自分をこう解釈しなかったらあの惨事は起きなかったのではないか。

彼の育つ家庭をはじめ小さいころからの人間環境は恵まれたものではない。

愛のない人間環境の中で育ちながらも、自分がとにかく現実に適応して25歳まで生きてきたということを高く評価していればあの惨事は起きなかった。

事実彼は高校を卒業してから負けっ放しの人生ではない。「あの心理的環境で成長して、いま俺は派遣で頑張っている、俺はよくやっている」と思えば、彼の人生は変わっていた。


目的に向かって生きていく考え方を発達させるためには、子どもは安定した環境が必要である（「前掲書、P.44」）。安定した環境とは何も経済的なことではない。情緒的に安定したということである。

親が離婚騒動をしていては、子どもを励ますことはできない。親は子どもを励ますことよりも自分のことで精一杯だからである。

別に離婚騒動ではなくても、両親が情緒的に離婚状態であれば同じことである。両親がお互いに憎み合いながら同じ屋根の下で暮らしていれば最悪である。

その憎しみを家の外に向けて人の悪口ばかり言っている家庭の雰囲気は暗い。

両親がお互いに嫌いであれば、家の雰囲気は最悪である。

そうした不安定な雰囲気の中で育つ子どもは成長に必要な励ましを得ることはできない。しかし世の中には成長に必要な励ましを得ながらすくすくと成長できる子どももいる。笑顔のたえない明るい家庭もある。

他方に成長に必要な励ましを得られないどころか、自分を否定されながら生きていなければならない子どももいる。

家が受容の場所である子どももいれば、家が拒絶の場所である子どももいる。

家が拒絶の場所でも頑張った。

それがいま希望をもてない人ではないか。

高校卒業後負けっ放しの人生ではなく、そこにこそ自分の偉大さが表現されていると、自分の人生を解釈できれば、秋葉原殺傷事件の彼も犯罪を犯さないで生きていかれたのではないか。そうすれば多くの被害者を出さないですんだのではないか。

経済的なことをはじめ眼に見える逆境なのにもかかわらず社会的に望ましい生き方をする人を見ると「小さいころこんな酷い環境にもかかわらずあの人はこうなった」と誉める。

典型的なのは「アメリカで偉大な人は皆丸太小屋でうまれた」という言葉である。

しかしこの場合逆境というのはあくまでも表面的に見ての恵まれない環境である。それは心理的環境ではない。

人は丸太小屋でうまれても愛があれば意欲的になれる。希望があれば外側が酷い環境でも前向きに生きられる。

みずからを負け犬と思い、心理的にも社会的にも挫折した人は、人の意欲をまちがって解釈してしまったのである。

心理的逆境の中で成長もし、派遣で頑張っている、それは誉めてもよいのではないか。

何か社会的事件が起きると、その人に対して「小さいころからこんな酷い環境だからあの人はこうなってしまった」という同情の言葉が言われる。

しかし心理的逆境の場合にはけっして同情の言葉は聞かれない。

大学時代、眼に見えないものの大切さをしっかりと学んで社会に出て行ってほしい。

そうすればどんなに社会の荒波にもまれようと最後まで意欲的に生き抜ける。

眼に見えないものの大切さをしっかりと学んでいれば、世俗的成功の価値しか認めない人には味わえない、打ち込んだあとの充足感がある。

引力は眼に見えない。しかしこの世を支配している。人間関係も眼に見えないものが支配している。

眼に見えないものの大切さを理解し、自分を正しく理解すれば自信が湧く。

人は自信があるから意欲が湧く。

自信喪失のまま社会に出て行ってもよい仕事をしようとする意欲はない。

自信喪失のまま社会に出て行くと、もうひとつ尊敬する人、うらやましいと思う人、あの人のようになりたいと思う人をまちがえる。中が空洞の「ちくわ」のような人をうらやましがる。

劣等感のある人は、喜びは他人に優越することである。そうすると世俗的に優越している人をうらやましいと思う。

「このようになろう」と思う人、つまり見習う人をまちがえるから、人生をまちがえる。

すぐ手に入る高価なものは、ときが経てば手元には残したくない。人間も同じである。

自信があるかないかで、お金で手に入らないものの貴重さがわかるか、わからないかのちがいが出てくる。

自信があると、お金で手に入らないものを大切にするようになる。

そして幸せになると、「まず、いまここでやることをやろう」と思う。逆境に強い人間になる。

社会に出たらいつも順風満帆ということはない。かならず逆風のときがある。そのときに「まず、いまここでやることをやろう」と思う人間になって社会に出ていく。眼に見える事実のほかに、眼に見えないことの中に大切なことがあると信じて社会に出ていく。

そうすれば社会の荒波にもまれても最後まで泳ぎきれるにちがいない。

励まされて高い自己評価をもてた子どももいる。しかし励まされることなく蔑視されて低い自己評価をもたされた子どももいる。

その二人にとって生きることは同じエネルギーがいるのではない。低い自己評価をもたされた子どもは生きるために莫大なエネルギーを必要とする。

そして低い自己評価をもたされた子どもは「終わることなき成功者との比較」（「前掲書、P.45」）が始まる。

生まれて以来周囲の人が心理的に敵であった人がいる。誰からもかわいがってもらえなかった。誰からも愛されなかった。

そういう人は世俗の世の中には想像以上に多い。そういう人はいつも圧迫感をもって生きていた。心の中は日常的に戦場であった。

そういう人はよくいままで生きてきた。

そういう人は消耗して倒れていても不思議ではない。エネルギーが枯渇して死んでしまっても不思議ではない。

周囲の人が敵というと極端な表現と思うかもしれない。しかし家の中の雰囲気というのは世の中にはいくらでもある。

親が心に深刻な葛藤を抱えていれば子どもを心理的に拒絶しているのは当たり前である。

親は自分のことで精一杯で子どものことなどかまっていられない。それどころか子どもに当たるのはもちろんのこと、子どもを自分のマイナスの感情のはけ口にする。

親が生きのびるために子どもという犠牲を必要とする。そういう親はたくさんいる。

子どもから見れば家の雰囲気は自分を拒絶している。そうなれば周囲の人は敵である。敵というのは自分を受け入れてくれない人々であり、自分は彼らの感情のはけ口にされる存在であるという意味である。

世の中には「見える頑張り」と「見えない頑張り」がある。人間環境として恵まれない環境で生まれたあなたは必死で「見えない頑張り」をしてきた。

見える頑張りは見える結果を生み出しやすい。しかし見えない頑張りは見えない結果になりやすい。しかし見えない頑張りをしている人は、人の頑張りを見て感動する。どんなにその人が社会的に負け犬であっても、その人は見えない頑張りをしてきた人であることもある。

どこでわかるか？

人が頑張っている姿に感動するなら、その人は見えない頑張りをしてきた人である。

人が頑張っている姿に感動するかしないかで、その見えない頑張りをしてきたか、してこなかったかがわかる。

傷ついても傷ついても立ち上がってきたのが見えない頑張りをしてきた人々である。つまり無視されて傷ついても絶望しないでいま生きている。

しかし外からは、傷ついたことも見えなければ、立ち上がったことも見えない。

肉体的虐待は眼に見えるが心理的虐待は眼に見えない。しかしその心理的虐待に堪えて生きる忍耐力は凄い。その頑張りは信じられないほど凄《すさ》まじい頑張りである。

見えない頑張りは消耗する。しかし誰も認めてくれない。自分も認めない。

だからときに自分はだめな弱い人間と思ってしまう。しかし実は強い人間である。意欲的な人間である。

そういう人は醜いアヒルの子と同じである。

醜いアヒルの子は生まれたときに近くにいた大きいアヒルを自分の母親だと思ってしまった。それから周囲のアヒルたちにいじめられて自分は醜いと思ってしまった。そこで自分が恥ずかしくなる。

見えない頑張りで消耗した人は、本当は美しい白鳥なのである。

自分の自己イメージを変えることができれば、人生に希望が出てくる。いままで絶望していた人生に希望がもてる。

人生そのものが絶望的なのではない。人生を絶望と感じる人がいるということである。そういう環境で生きてきた人がいるということである。

世の中には本当は美しい白鳥なのに、自分は醜いアヒルの子と思っている人がいれば、逆に本当は醜いアヒルの子なのに、自分は美しい白鳥と思っている人がいる。

株の売買でお金を儲けたような人たちが本当は醜いアヒルの子である。いま日本のいわゆる勝ち組は本当は醜いアヒルの子である。

私たちは親をはじめ環境を選んで生まれてくるのではない。親は運命である。

親を親と思うから親に愛されなかった人たちは親を恨む。しかし親は運命なのだから親を恨んでもしょうがない。

恨んでも何も解決はしない。親を恨んでも前向きの姿勢は出てこない。親を恨んでも意欲は湧いてこない。だから親と思わないで運命だと思えばよい。

そしてこの世の中には残念ながら幸運な人と不運な人といる。

母なるものをもった母親もいれば対人恐怖症の母親もいる。心理的に健康な父親もいればノイローゼの父親もいる。

欲求不満の塊で渋面の父親もいれば、満足している笑顔の父親もいる。

いつも憎しみや怒りの感情を子どもにぶつけている母親もいれば、心優しい母親もいる。

話しにくい父親もいれば話しやすい父親もいる。子どもに無関心な母親もいれば、子どもの気持ちを汲み取る母親もいる。

いままでの自分の青春を思い出すこと。そして自分に問いかけてみる。

あなたのお父さんとお母さんは仲がよかったですか？

小さいころ、「お母さん、家出て行く」と脅されましたか？

怪我をしたときに、お母さんはお医者さんに連れて行ってあとは知らん顔をしていましたか？

雷が鳴って怖かったとき、すぐにお父さんの所に行けましたか？

「どうして叔父さんのようになれないの？」と親から言われましたか？

それに答えたときには、答えがどうであれ、すでに自分の足で立っている。

人は人、自分は自分。文句を言わない。

神からもらった命を全《まっと》うする。

自分にしか生きられない自分の人生を、他人と比較したり、他人に合わせることはない。


不運な人は自分の不運を受け入れることである。運命なのだからしょうがない。文句を言ってみても幸せになれるわけではない。

自分の運命を受け入れないで文句を言っていれば、死ぬまで不幸というだけの話である。

自分の不運を受け入れるということは他人の幸運を受け入れるということである。他人の幸運をうらやまないということである。

自分の不運を受け入れるということは、ただひたすら自分の運命を生き抜くということである。

不運は修行することで補う。不運は修行の場。

人からかわいそうと言われても解決しない。それは無責任な言葉。

自分の不運を受け入れれば社会に適応して生きていかれる。反社会的になったり、非社会的になったりする人は、自分の不運を受け入れていないのである。


不運を受け入れるということは、謙虚になることである。与えられた運命の中で生きる喜びを作っていくことである。

運命を受け入れるとは「私の人生はたまたま、運が悪い人生だった」と開き直ることではない。自暴自棄になることではない。

それは自分を甘やかしていることである。

これで社会に出たら、皆に嫌われる。

自分を甘やかす人は自分の人生に不満になる。人に対しては憎しみ、怒り、嫉妬をもつ。暗くなる。そして毎日不平を言いながら不幸な一生を送る。

どのような運命であっても今日一日を最後でよいと思って生きてみる。

そして好かれる人になって社会に出る。

あとがき

ひとくちに大学生と言っても、小学校以来、受験勉強に追われてきて何とか大学に入ってきた人間もいるだろうし、それほど苦労もしないで順調に大学生活をむかえた人間もいるだろう。

受験競争に疲れて入ってきた学生たちは、新しい意欲を燃やそうにも自我がからっぽになってしまって一種の真空状態におちいっているのではないだろうか。また、意気揚々とキャンパスを歩いているように見える学生たちも、もしかしたら、はたして自分はこれから何に賭けていけばいいのかと、疑問に感じているのではないだろうか。

どうやって新しい意欲を燃やしたらいいのか、そのことをこの本ではまずはじめに考えてみた。それがゼロからの出発である。からっぽになった自己からどう出発するか、を考えたのである。新しい意欲を燃やせないならば、これからの人生は、いとわしい重荷になってしまう。ある人は受験競争から解放されて、何とか大学にきたが、何をしたいかわからず、ぞっとするような空虚感を味わったかもしれない。

その、ぞっとするような空虚感を克服していくための具体的な方法を第1章から書き始めたつもりである。

ところで日本は、昭和三十年代から四十年代にかけて高度経済成長を謳歌《おうか》した。その結果日本には多くの会社人間が生まれた。それは「会社は永遠であります」と言って自殺した大企業重役に代表される人間像である。会社によって自らの自我を支えて生きてきた人々によって、日本の高度成長は支えられてきたのである。

だが、こうした会社人間によって物質的に豊かになった日本に新しく登場してきた人間は、皮肉にも会社人間とまったく逆の性格をそなえていたのである。「会社は命です」と言う会社人間とは反対に、たとえ会社にあっても、ほんとうの自分は会社以外のどこかにいると考える人々である。

会社人間が何事につけても当事者であろうとし、また当事者であることを誇りにしているのに対し、この人々は当事者としての責任を回避し、すべてにお客様でいようとする。三十年代以来の高度経済成長の歪《ひず》みが社会の表面にあらわれてくるにつれて、この人々はみずからの正当性を主張し始めたのである。

そして、日本の経済的繁栄には高度経済成長は必要だったし、その歪みの是正の時期として昭和四十年代から五十年代のはじめにかけての時期もまた、必要だった。それは高度経済成長からの転換点だった。「会社が命」の人間から、形の上では就職してもその会社以外のところにほんとうの自分があると思っている反・会社人間の時代へ、そしていま、求められる新しい人間像はそれらを乗り越えたところにあるはずである。

それはどんな人間なのだろうか。

もし諸君が早稲田大学の学生だとしたら、それが自分の仮の姿だと思ってはいけない。ワセダ、ワセダ、ワセダ、ワセダ、ワセダで四年間を、あるいはメイジ、メイジ、メイジ、メイジ、メイジで四年間を夢中で過ごさなければならない。会社にいるなら会社で必死になって働くべきだろう。

しかし、ある会社の社員であることを自分のほんとうの姿として受け入れることは、けっして会社のやることすべてが正しいと認めることにはならない。すべて正しいと認めてしまうのが、高度成長期の会社人間であり、すべて仮の姿としてしまうのが反・会社人間だった。つぎの時代の人間像は、会社こそ我が命であるが、だからといって会社のために自分を殺してしまうのではない、ということである。

会社の中で自分を殺すのではなく、会社を通じて自分を生かしていこうとする人間である。

すべてを仮の姿としてしまう人間は自由を放棄している。役者は役を演ずることが自由なのであって、役からおりてしまうのが自由ではない。

この本の第5章の「生活から学ぶ」の中で僕がながながと自分の体験を書いたのは、大学生でありながら、大学以外の世界にほんとうの自分の姿があるのではないかと感じている人々に対して、そうではないのだと、わかってもらいたかったからである。

そう考えているかぎり死ぬまでほんとうの自分と出会うことはない。それればかりではない。ほんとうの自分と出会わないということは、親友とも出会うことがないということである。

この大学にしか自分の世界はないのだ、そう思ってもらいたい。ほんとうの自分はこの大学にはいないのだ、ほんとうの自分の姿はこの大学の学生なんかではないのだ、といつまでも考えているかぎり、どうして親友があらわれてくることがあろうか。

そんな人間は恋愛で言えば、何でもすべてを浮気にしてしまう人間のことだろう。自分の真価をどこにも賭けることができないのである。と言うよりも、真価がないからこそ、真価を賭ける場所を避けるのである。自分のほんとうの価値があらわれることがこわいから、真価を賭けなければならない場所を避けるのである。そして、ここは自分のほんとうの価値をためすところではない、という言いのがれをしてしまう。

いま、ここにおいて真価を発揮できないのなら、いったい、いつ、どこで、真価を発揮するというのだろうか。大学生は現在自分がいるその大学でこそ真価を発揮してもらいたい。そう思って書いたのが第5章なのである。

いま、ここにおいて自分の真価を発揮しよう、みずからを表現しようという姿勢があって、はじめて第1章からのこともわかってもらえると思う。すべて冗談と浮気だけの世界でもってどう行動を変えてみても、それは新しい意欲を燃やす手がかりになるはずがない。

大学でせいいっぱいやってみるといい。そしてその結果、どうしてもその大学が、その学部が、その学問が自分には合わない、と思ったらそのときは第4章にも書いたように大学をやめることを真剣に考えてもいいだろう。「やっぱり大学は自分には合わない」と思うことができる唯一の人間、それは「大学こそ我が命」と思ってやってみた人間である。

死ぬ気で一〇〇メートルを0.1秒早く走ろうとした人、0.1秒短縮することに青春をかけた人だけが、「たかが0.1秒」と言える資格がある。

これからの時代を切り開いていく人間像は、眼に見えないものを大切にしてトライアル・アンド・エラー(試行錯誤)人間になることはまちがいない。そう、僕は思う。

最後になってしまったが、このテーマについて編集部のみなさまが、ずいぶんいろいろ時間をかけて取材をしてくれ、こんな話もある、こんな話もあると私に教えてくれた。この本を書いていくうえでたいへん助けになった。紙面をかりて感謝の意を表したい。ありがとう。

この本は光文社役員の武田真士男様と古谷俊勝取締役出版局長のご好意によって可能になった。

またベストセラーズ書籍編集部の菊地一浩様の並々ならぬ情熱とエネルギーがあって新しい姿で出版することができた。

皆様に心から感謝をしたい。

※本書はカッパ・ブックス（光文社）より一九七九年五月に刊行された
『大学で何を学ぶか～自分を発見するキャンパス・ライフ』
に新章（第6章）を加筆して再構成したものです。